Lammeslust

für
Helmut, Til, Felix, Philo, Corinna, Chandra und Johanna,
mit denen das Tafeln so viel Spaß macht

Hiltrud von der Heyde

Lammeslust

Koch-Kunst
rund um Lamm und Schaf

bebildert von
Otto Beckmann

Rezepte

Vorwort

Schafe waren für mich immer etwas Besonderes. Allerdings kam ich ernsthaft erst im frühen Erwachsenenalter mit ihnen in Berührung. Das erste Mal in Form einer duftenden, auf offenem Feuer gebratenen Lammkeule. Die einheimischen Frauen und Kinder boten sie mit schreienden Stimmen am Bahnhof im Hochland von Peru an. Obwohl das Geld knapp war und ich mir auch nicht so hundertprozentig über die hygienischen Verhältnisse im Klaren war, bin ich diesem Duft erlegen. Vorher nie probiert, aber von nun an liebte ich Lammfleisch.
Später dann hatten wir auch einmal selbst Schafe, in der irrigen Annahme, man erspare sich das Rasenmähen. Elfe und Enzo Lorenzo wurden uns lieb und teuer. Der obligatorische Tag des Abschieds kam, und obwohl die Tiefkühltruhe voll war, verlor ich vorübergehend die Lust auf Lammfleisch. Nachdem die Personifizierung vorbei war, siegte dann allerdings wieder die ›Lammeslust‹. Ich muss aber zugeben, dass eher ich als die Lämmer dabei ›Lust‹ hatte.
Nachdem die Schuldgefühle abgeschüttelt waren, konnte ein neuer Lebensabschnitt beginnen:
Ein paar Kunstinteressierte gründeten einen Verein – den Kunst- und Museumskreis, Bad Essen e.V. Der Hauptgrund dafür war damals, ein verfallenes, aber wunderschönes Gebäude zu retten – den Schafstall. Da sind wir wieder bei den Schafen. Was manche Künstler anfangs noch etwas provisorisch anmutete, wenn sie gesagt bekamen, ihre Ausstellung finde im Schafstall statt, wandelte sich bald zu einem Markennamen.
Neben Architektur, Textilien und anderer Kunst interessiert mich besonders das Essen. Was lag da näher, als bei so viel Schafs-Anregung ein Kochbuch zu schreiben? Es sollte aber außergewöhnlich werden, und unbedingt sollte Kunst mit der Kochkunst verbunden werden.
Wie glücklich war ich, als ausgerechnet Otto Beckmann sich für die Idee begeistern ließ, dieses Kochbuch gemeinsam zu schaffen. Schließlich hat sich Otto Beckmann über einen längeren Zeitraum intensiv mit Schafen in seiner Kunst auseinander gesetzt – und wie!

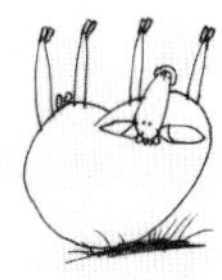

Was mir beim Kochen wichtig ist

Das Wichtigste vorweg – Kochen sollte Lust sein!
Das wird sicherlich nicht jeden Tag möglich sein, wenn in einer halben Stunde etwas auf dem Tisch stehen muss – aber die anderen Male, wenn man Zeit hat, sich etwas Leckeres auszudenken, am Wochenende, wenn man sich auf die Familie oder liebe Freunde freut.
Das Lustvolle kann schon beim Aussuchen des Rezeptes beginnen. Ich lese Kochbücher eher wie Romane oder besser wie eine anregende Kurzgeschichte. Genauso wie ich mich bei der Beschreibung eines Ortes so sehr dahin versetzt fühle, dass ich die vermeintlichen Gerüche in der Nase spüre, genauso schmecke ich ein beschriebenes Gericht schon beim Durchlesen. Man könnte meinen, das wird eine billige Ernährung – aber nein, im Gegenteil: Der Trieb zu kochen ist unaufhaltsam.
Meistens lege ich das Kochbuch aber wieder beiseite und koche dann aus der Erinnerung nach den Anregungen, die ich beim Lesen bekommen habe; allerdings abgewandelt mit einer gehörigen Portion eigener Ideen.
Der nächste wichtige Punkt ist der Einkauf. Was haben wir für ein Glück. Der Osnabrücker Markt ist ein Juwel – allerdings nur sonnabends. Die Atmosphäre dieses schönen Platzes trägt ihr Übriges dazu bei, den Einkauf zum Genuss zu machen. Beim Einkauf gilt für mich die Devise ›viel sehen und vergleichen‹, aber möglichst treu sein. Es zahlt sich aus – ein Händler, bei dem Sie regelmäßig einkaufen, tut sein Möglichstes, um Sie als Kunden zu behalten. Die Ware ist garantiert einwandfrei – denn ein guter Händler rät Ihnen auch schon einmal von einer Ware ab, wenn er nicht voll dahinter stehen kann.
Auf dem Markt bekommt man heute das ganze Jahr über ausgezeichnetes Lammfleisch und Produkte daraus; aber auch auf den Dörfern gibt es beste Ware. Man sollte mit ›seinem‹ Fleischer sprechen, denn manchmal ist Lammfleisch nur an bestimmten Tagen zu bekommen. Macht nichts, dann kommen die Freunde eben an einem Donnerstag.
Aber mit Fleisch allein ist kein gutes Essen zu zaubern, und deshalb ist der Gemüsestand genauso wichtig. Bei Gemüse sollten Sie streng auf Qualität achten, auf den Ratschlag Ihres Händlers hören, und das bedeutet, dass Sie immer kreativ sein müssen. Wenn im Rezept Keniaböhnchen stehen, die aber heute nun mal nichts taugen, dann müssen Sie spontan in der Lage sein, das Gericht umzuwandeln und dabei die gute Laune nicht verlieren.
Außerdem kann ich nur jedem raten, einen Kräutergarten anzulegen – und sei es auf der Fensterbank oder dem Balkon. Die meisten Gerichte leben erst durch frische Kräuter, und ein Kräutergarten blüht und duftet herrlich und regt die Sinne an.

Die aufgeführten Rezepte sollten nicht akribisch nachgekocht werden, sondern vielmehr nachempfunden werden. Beim Lesen sollte man versuchen, den Geschmack auf die Zunge zu zaubern. Nur dann kann man entscheiden, welches Rezept gerade heute das Richtige sein wird. Deshalb sollte der Leser auch die Mengenangaben nicht so ernst nehmen, sie sollen lediglich das Verhältnis der Zutaten zueinander veranschaulichen. Im Allgemeinen sind sie aber für 4 Personen gedacht.
Bei den Zutaten gibt es einige Selbstverständlichkeiten, die ich nicht jedes Mal erneut aufführe, wie z. B.: Pfeffer wird grundsätzlich mit der Mühle gemahlen und Salz, wenn es nicht teelöffelweise benutzt wird, auch. Kräuter sollten frisch sein und Essig und Öl so gut wie möglich. Wenn Sie Wein zu einer Sauce geben, nehmen Sie den, den Sie auch gerne trinken würden – es gibt keinen ›Kochwein‹, schlechter Wein verdirbt das allerbeste Essen.
Die Rezepte sollen als Ideenquelle dienen – der geübte Koch wird ohnehin seine persönliche Note setzen – und das ist auch erwünscht. Ich jedenfalls koche ›ein Rezept‹ immer wieder anders, je nach Tagesform und Lust. Ja, die Lust ist das Wichtigste. Mir gelingt ein Essen nicht, wenn ich nicht die Lust und Freude in mir aufsteigen fühle.

Hiltrud von der Heyde

Armin

Es war ein eiskalter Ostertag, als uns die Nachbarin ein großes Paket, mit Luftlöchern im Deckel und einer roten Schleife verziert, ins Haus brachte. In dem geheimnisvollen ›Osterei‹ rumpelte es, und als ich es öffnete, sprang ›Armin‹ heraus, ein quietschfideles weißes Lamm. Seine Mutter war bei der Geburt gestorben, und die kleine Waise musste nun per Hand mit Flasche und Schnuller aufgezogen werden.
Der possierliche Kerl war für Erwachsene und Kinder die Attraktion. Jeder wollte mit ihm spielen und herumtoben oder ihm die Flasche geben. Auch als Armin nach wenigen Wochen zu einem stämmigen Bock herangewachsen war, blieb er der Liebling aller Gäste. Inzwischen lebte er nicht mehr auf unserem Dachboden, sondern draußen. Mit einem langen Tau an einen Erdnagel gebunden, fraß er Kreisflächen in das Gras der Wiese hinter dem Haus. Aber wenn die Kinder früher gar nicht von ihm wegzukriegen waren, kamen sie jetzt meist nach kurzer Zeit weinend ins Haus gelaufen und erklärten verstört, Armin habe sie über den Haufen gerannt und mit dem Kopf gestoßen. Unser junger Bock machte aus seiner Natur keinen Hehl: Ob klein oder groß, wer ›seine‹ Wiese betrat und in den Bannkreis seiner Leine geriet, wurde von ihm mit gesenktem Haupt berannt und oft auch zu Boden geschleudert. Armin war gefährlich geworden. Wir stellten Warnschilder auf. Aber als im Herbst auf seiner Wiese ein Haus gebaut wurde und unser ›Rambo‹ sich nicht mehr einer fremden Herde anschließen ließ, folgte er mir eines Tages ganz ohne Leine zum Viehhändler. Der beruhigte mein schlechtes Gewissen, indem er mir scheinheilig versprach, meinen Gefährten nicht dem Schlachter, sondern einem ›türkischen Zoo‹ zu verkaufen.
Mehrere Jahre begleiteten mich Schafe in meiner Arbeit und waren mir als ›Trojanische Schafe‹ listige Komplizen bei versteckten Botschaften an meine Mitmenschen. In meinen Radierungen machten sie ›Kopfstand für den Tourismus‹ oder posierten als ›Nummerngirls‹, ›warteten auf den großen Bocksprung‹ oder führten ihn vor. Von ihnen lernte ich, ›warum die Bäume in Nordfriesland so schief stehen‹ oder ›wie man die Welt verändert‹.
Aber dann kam der Tag, an dem ich sie bei Antje und Harald Frerks im historischen Gasthaus ›Zum Krug‹ in Hockensbüll bei Husum als zarte Filets auf dem Teller hatte. Seitdem sehe ich sie nicht nur gerne auf Wiesen oder an Galeriewänden, sondern auch im Kochbuch.

Otto Beckmann

Gefüllte Lammkeule

250 g	Lammkeule (ohne Knochen) pro Person
300 g	Schafs- oder Ziegenkäse
1	Knoblauchknolle (möglichst frisch)
4	Zwiebeln
1	Petersilienwurzel
4	Tomaten, nicht zu reif
1 Becher	Sahne
1 EL	Crème fraîche
1 Stck.	möglichst jungen Sellerie
	frische Kräuter: Rosmarin, Bohnenkraut, Zironenthymian
	Cayennepfeffer
	Brühe (z. B. Kalbsbrühe aus dem Glas)
	Olivenöl

Den Knochen der Lammkeule kann man am besten vom Fleischer herauslösen lassen. In die gewachsenen Zwischenräume der Muskelstränge kleine Knoblauchzehen so weit wie möglich hineinschieben (sind die Knoblauchzehen zu dick, schneidet man sie zu Stiften). Zusätzlich Knoblauch pressen und mit dem Käse und den abgezupften, grob zerkleinerten Kräutern vermengen. Die aufgeklappte Lammkeule innen mit etwas Cayennepfeffer einreiben und die Käsemischung darauf streichen. Die Keule wieder zusammenklappen und wie eine Mumie möglichst fest mit Küchengarn zusammenbinden. Hier kann man seinem Hang zum Dekorieren frönen: Bindet man wirklich fest (z. B. in einem hübschen Kreuzmuster) und öffnet die Verschnürung erst nach dem Ruhen, dann kann man vor dem Anschneiden bei Tisch ruhig eine künstlerische Pause einlegen, um das entstandene Muster bewundern zu lassen.

Die Keule wird jetzt aber erst einmal in einem schweren Bratentopf in sehr heißem Olivenöl von allen Seiten angebraten. Die geviertelten Zwiebeln hineingeben und leicht Farbe annehmen lassen. Danach sehr fein gewürfelten Sellerie und Petersilienwurzel und evtl. restlichen Knoblauch zufügen.

Ganz zum Schluss werden die gehäuteten und entkernten Tomatenviertel dazugegeben.

Den Backofen auf 200°C vorheizen, Bräter hineingeben und ab und zu mit Brühe begießen, damit das Gemüse nicht schwarz wird. Wichtig ist hier ein bisschen Fingerspitzengefühl: Es muss zwar ausreichend Flüssigkeit vorhanden sein, die Keule soll aber nicht in wässriger Sauce schwimmen.

Nach knapp 2 Std. den Topf herausnehmen, die Keule in ein anderes Gefäß umlegen und im abgeschalteten Ofen ruhen lassen.

Aus dem Bratensaft, mitsamt dem ausgetretenen Käse eine Sauce bereiten. Dazu evtl. noch etwas Kalbsfond zugeben, mit Sahne und Crème fraîche abrunden und sämig einköcheln lassen.

Lamm-Medaillons mit Thymian-Sauce

1	Schalotte
1	Knoblauchzehe
	frischer Thymian
300 g	Lammrückenfilet
	Salz, Curry, Paprika, Pfeffer aus der Mühle (zu einer Gewürzmischung bereiten)
	Butterfett
	Weißwein (er sollte fruchtig, aber dennoch trocken sein)
	Noilly-Prat
	Lamm-Jus (Herstellung auf S. 14 beschrieben)
	kalte Butterflocken

Das Lammfilet in schmale Medaillons schneiden (ca. 2 cm), die Gewürzmischung einmassieren und in der Butter von beiden Seiten goldbraun braten. Dabei kann das Fleisch immer wieder von oben mit Butter begossen werden. Die Medaillons herausnehmen und warm stellen.
Fein geschnittene Schalotten und Knoblauch in der Bratbutter glasig werden lassen und die Thymianblättchen zugeben. Alles mit Weißwein und Vermouth ablöschen und um die Hälfte reduzieren. Lamm-Jus einrühren, die Butterflocken unterschlagen und evtl. mit Salz und Pfeffer aus der Mühle nachwürzen.
Etwas von der Sauce über jedes Lamm-Medaillon geben.

Anmerkung:
Diese Medaillons lassen sich natürlich auf verschiedene Weise variieren: Man kann den Alkohol austauschen (z. B. durch Cassis, Madeira o. Ä.), die Kräuter lassen sich ebenfalls verändern (aber jeweils nur ein Kraut verwenden).
Salbei, Rosmarin, Bohnenkraut, ... bei diesen kräftigen Küchenkräutern sollte man allerdings ein Sträußchen binden und sie nach der Fertigstellung der Sauce entfernen.

Lammkoteletts mit ganzen Knoblauchzehen

4 kleine	Lammkoteletts pro Person
1 große	junge Knoblauchknolle
	Salz, Pfeffer, Curry, Paprika, Thymianblättchen
	Butter
1 EL	alter Balsamico-Essig
	Brühe

Die Gewürze in die Koteletts einreiben und in Butter goldgelb braten, dabei darauf achten, dass sie nicht trocken werden und evtl. während des Bratvorgangs von der Oberseite mit Butter begießen. Die ungeschälten Knoblauchzehen mitbraten. Lammkoteletts aus der Pfanne nehmen und warm stellen.
Den Balsamico-Essig in die Pfanne geben und ganz langsam völlig verdunsten lassen. Etwas Brühe auffüllen und ebenfalls sämig reduzieren. Die Knoblauchzehen aus der Sauce heben und ausdrücken. Das Mus in die Sauce zurückgeben und mit Butterflocken in die Sauce schlagen.

Dazu: Gegrillte Tomaten

Gegrillte Tomaten
Von den Tomaten den Hut abschneiden und Flüssigkeit und Kerne auslöffeln. Frischkäse mit frischen Kräutern – Basilikum, Estragon, Chinesischer Schnittknoblauch, Pimpinelle, Sauerampfer, Petersilie und ein kleines Blättchen Minze – vermischen und in die Tomaten füllen. Unter dem Grill 5 Min. überbacken.

Lamm-Jus

1 kg	Lammknochen
1	Möhre
1	Gemüsezwiebel
1	kleine Stange Porree
1 Stck.	Sellerie
1	Petersilienwurzel
	Olivenöl
1 EL	Tomatenmark
	Rotwein
	Salz, Pfeffer
2	Knoblauchzehen, ungeschält
	Rosmarin, Thymian, Bohnenkraut, Salbei

Lassen Sie die Knochen am besten von ihrem Fleischer möglichst fein hacken.
Gemüse in feine Würfel schneiden (die Schale der Zwiebel wird nicht entfernt).
In einem schweren Bräter die Knochen in Öl rösten. Dabei ständig rühren, so dass sie zwar goldbraun werden, aber nicht anbrennen.
Jetzt das Gemüse zugeben und ebenfalls mitrösten lassen. Dabei muss man mit etwas Fingerspitzengefühl die Ölmenge kontrollieren; ist zu wenig vorhanden, wird die Sauce bitter, - zuviel lässt sie nicht entsprechend bräunen.
Zum Schluss das Tomatenmark und die Kräuter und Gewürze zufügen und ebenfalls ständig rühren bzw. vom Boden kratzen. Die einzige Schwierigkeit besteht darin, das Püree dunkel zu bekommen, aber nicht anbrennen zu lassen.

Mit Rotwein ablöschen und evtl. noch wenig Wasser zugeben. Zum Kochen bringen, Schaum abschöpfen und auf kleiner Hitze ca. 3 Std. köcheln lassen.
Die Jus muss danach noch durch ein Haarsieb gegossen und entfettet werden.
Zur Vorratshaltung kann man die Jus portionsweise einfrieren. (z. B. in der Eiswürfelschale).

Lammkoteletts mit Kräuter-Senfsauce

	Lammkoteletts in gewünschter Menge (je nach Größe und Hunger 2–4 pro Person)
1	Tomate
1	Schalotte
1	Knoblauchzehe
1 kl.	Bund Rosmarin
	Olivenöl
	Noilly-Prat
2 EL	Crème fraîche
	Salz, Pfeffer
	Champagnersenf (es eignen sich auch andere feinwürzige Senfsorten)
	Zitronensaft oder Balsamico- oder Schwarze-Johannisbeer-Essig

Die Lammkoteletts mit Salz und Pfeffer würzen und von jeder Seite ca. 1,5 Minuten braten, dann zugedeckt warm stellen, dass sie noch etwas nachgaren können.
Währenddessen die Sauce bereiten:
Fein geschnittene Schalotte und Knoblauch leicht glasig dünsten, Rosmarin zusammenbinden und zugeben. Tomate abziehen, ohne Kerne würfeln und zugeben. Alles mit Noilly-Prat ablöschen und einköcheln lassen. Das Rosmarinsträußchen herausnehmen. Crème fraîche unterschlagen und mit wenig Senf und einem Hauch Säure (siehe oben) abschmecken, evtl. mit Salz und Pfeffer nachwürzen.

Anmerkung:
Lammkoteletts eignen sich natürlich auch ausgezeichnet zum Grillen. Dafür muss der Grill sehr heiß sein, sonst garen die Koteletts zu langsam und werden schnell trocken. Am besten schmecken sie, wenn sie innen noch leicht rosa sind.
Die oben beschriebene Sauce kann man dann auch kalt dazu servieren.

Gebeizte Lammkeule

1	Lammkeule
	Salz, Zucker, Senfkörner, 2 Nelken, Thymian, Koriander, Lorbeerblätter, Pfefferkörner, Pimentkörner, Wacholderbeeren,
3	Orangen
2	Zitronen
1	Grapefruit
	Rosinen
3	Backpflaumen
1	Knoblauchknolle
	Rotwein
	Öl
	Butter
	Mehl

Die Lammkeule bis zum Knochen aufschneiden, den Knochen entfernen und 3 Tage in Beize einlegen:
Salz, Zucker, Scheiben von 3 Orangen, 2 Zitronen, 1 Grapefruit, Senfkörner, Thymian, Koriander, Lorbeerblätter, 2 Nelken, Rosinen, 3 Backpflaumen, Zehen einer Knoblauchknolle, Pfefferkörner, Pimentkörner, Wacholderbeeren, guter, weicher Rotwein, Wasser. Die Flüssigkeit soll die Lammkeule knapp bedecken; evtl. in der Zeit das Fleisch öfter wenden, kalt stellen. Nach den 3 Tagen das Fleisch herausnehmen und sorgfältig trockentupfen. Die Marinade durchsieben und dabei die Zutaten gut ausdrücken.

Das trockene Fleisch in heißem Olivenöl anbraten, mit der Hälfte der Marinierflüssigkeit ablöschen und eine knappe Stunde garen. Das Fleisch herausnehmen und zugedeckt in den mäßig warmen Backofen geben. Die Sauce noch etwas reduzieren lassen. Kalte Butterflocken, in die etwas Mehl geknetet wurde, unterschlagen. Das Fleisch in Scheiben schneiden und die Sauce darüber geben.

Eingelegte Lammschulter

1	Lammschulter
ca. 1 l	Buttermilch
1 Tasse	Apfelessig
	Wacholderbeeren
	Pfeffer- und Pimentkörner
	Knoblauch
5	Tomaten
5	rote Zwiebeln
	Cidre
	Calvados
	Olivenöl
	eine Gewürzmischung aus: Salz, Pfeffer aus der Mühle, mildem Paprika und einem Hauch getrocknetem Majoran

Die Lammschulter über Nacht in einer Mischung aus Buttermilch, Apfelessig, einem Schuss Calvados und den Gewürzkörnern einlegen. (Das Fleisch sollte mit Flüssigkeit bedeckt sein.)
Zur weiteren Verwendung dann sehr sorgfältig trockentupfen. Tomaten enthäuten und Stielansatz und Kerne entfernen.
Knoblauch passt eigentlich immer zu Lamm – diese Zubereitung ist aber sehr zart, und ich würde empfehlen, ausnahmsweise einmal sehr sparsam mit Knoblauch umzugehen.
Knoblauchzehen und Zwiebeln abziehen und in nicht zu heißem Olivenöl langsam anziehen lassen. (Sind die Zwiebeln zu groß, kann man sie auch vierteln.) Beides herausnehmen, das Öl jetzt stark erhitzen und die mit der Würzmischung eingeriebene Lammschulter von allen Seiten scharf anbraten. Zwiebeln und Knoblauch wieder zugeben, grob zerkleinerte Tomaten zugeben, mit Cidre ablöschen und einen ordentlichen Schuss Calvados zugeben. Die Lammschulter im offenen Bräter eine Stunde köcheln lassen, herausnehmen. Die Sauce mit dem Pürierstab sämig aufschlagen und mit wenig Calvados und 1 Löffel Crème fraîche verfeinern. (Die Sauce jetzt nicht mehr kochen lassen.)
Dazu passt Rosinenreis mit Pinienkernen und blanchierte und in Butter angebratene Wirsingstreifen.

Lammlachse mit Jostasauce

2	Lammlachse pro Person
	Salz und Pfeffer aus der Mühle
	Butterschmalz
2 Tassen	Jostabeeren
10	Wacholderbeeren
	Zucker
3 EL	Cassis
1 EL	Wacholderschnaps
2	Eiswürfel Lamm-Jus (siehe S. 14)
	kalte Butterflocken
	eine Hand voll getrocknete Morcheln

Als Erstes sollte man die Morcheln einweichen, sie zwischendurch immer wieder etwas schütteln, das Einweichwasser durch einen Kaffeefilter geben und das mehrmals wiederholen, damit man sicher sein kann, dass auch wirklich aller Sand entfernt ist.
Jostabeeren sind eine Kreuzung aus Stachelbeeren und schwarzen Johannisbeeren – der Geschmack und auch die Größe liegen genau in der Mitte, was die Jostabeere spannender macht als eine Stachelbeere, aber milder als die etwas strengere schwarze Johannisbeere. In letzter Zeit habe ich sie aber auch schon auf dem Markt angeboten gesehen. Wer einen Garten hat, sollte sich diesen üppigen Busch anpflanzen. Er ist völlig unkompliziert und trägt im Allgemeinen sehr viele Früchte.

Die Jostabeeren werden gründlich gewaschen und von den Strünken befreit. Das macht zwar etwas Arbeit, ist aber nötig, sonst schmeckt die Sauce nachher ›strunkig‹. Wacholderbeeren in einem Mörser anstoßen. Beeren und Wacholderbeeren mit dem Alkohol und dem Zucker nach Geschmack in einen Topf geben und ca. 5 Min. köcheln lassen. Die Beeren durch ein Haarsieb streichen, dabei die Masse ordentlich ausdrücken, damit sich der Wacholdergeschmack voll entfaltet. Die Morcheln in die Sauce geben und mit etwas Einweichflüssigkeit ergänzen. Ca. 5 Minuten köcheln lassen.
Die Fruchtsauce in den Topf zurückgeben und mit der Lamm-Jus und den kalten Butterflocken sämig aufmixen.
Die Lammlachse pfeffern und salzen, in Butterfett von allen Seiten goldbraun anbraten. Im erwärmten Ofen ca. 6–10 Min. (je nach Größe) nachziehen lassen. Fertiges Fleisch in schräge Scheiben schneiden und mit der Sauce servieren.

Dazu: gebratene chinesische Nudeln

Tafelspitz aus Lammkeule

1	Lammkeule
	möglichst frische Lorbeerblätter (man kann heute schon Töpfchen mit einer Lorbeerpflanze kaufen wie Basilikum)
	frischen Thymian und Rosmarin
	mehrere Knoblauchzehen
1	Chilischote
	Salz, schwarzer Pfeffer, Cayennepfeffer
	grüne Bohnen
1 Stck.	Ingwer
	Zitronengras oder 2 frische Zitronenblätter
1 Blättchen	Liebstöckel
1	rote Zwiebel
1	Petersilienwurzel
1 kl.	Möhre
1 Stck.	Sellerie
1 kl. Stck.	Porree

Die Lammkeule entbeinen (lassen) und sehr sorgfältig von Fett, Sehnen und Häuten befreien, ohne sie aber ganz auseinander zu schneiden. Die Innenseiten mit Pfeffer und Salz aus der Mühle einreiben und mit reichlich Thymian, Rosmarin und einem Lorbeerblatt bestreuen. Je nach Größe mit 2–3 zerdrückten Knoblauchzehen einreiben. Das Fleisch zusammenklappen und gut verschnüren.

Aus dem Knochen und den restlichen Zutaten (ohne Bohnen) eine Brühe herstellen. Das Fleisch in die kochende Brühe legen und kurz darauf die Hitze reduzieren – die Brühe darf nur gerade noch simmern. Ähnlich wie beim Tafelspitz wird das Fleisch pochiert und bleibt so innen saftig. Die Garzeit beträgt je nach Größe ca. 1–1,5 Std.; das Fleisch muss auf Fingerdruck noch etwas nachgeben.
Jetzt wird das Küchengarn vorsichtig entfernt und das Fleisch in nicht zu dicke Scheiben geschnitten.

Dazu gibt es Böhnchen, die mit einer kleinen Zwiebel, 1 Knoblauchzehe und frischem Bohnenkraut knackig gegart werden, und Pellkartoffeln.

Am wichtigsten ist aber die Kalte Sauce dazu!

Kalte Sauce

1 Becher saure Sahne
1 Becher Crème fraîche (wer es nicht ganz so schwer mag, ersetzt den einen oder anderen Löffel durch Joghurt)
1 Schalotte
1–3 Knoblauchzehen (nach Geschmack, Größe und Frische – beides durch die Knoblauchpresse gedrückt)
Salz
Cayennepfeffer
Kräuter
geeignet sind:
Schnittlauch, Winterheckenzwiebeln, wenig Pimpinelle, ein kleines Minzeblatt (echt Mitchum), viel Rauke, Brunnenkresse, Bärlauch, Kapuzinerkresse mit Blüten, Borretsch – Blüten, Gartenkresse
Alle Kräuter sollten isoliert verwendet werden.

Die Fleischbrühe kann als Vorsuppe gegessen werden. Dafür sollte man kurz vor Beendigung der Garzeit noch einmal Gemüse in einem Sieb in die Brühe hängen – genau auf die Garzeit der einzelnen Gemüse achten, es soll unbedingt knackig bleiben. Z. B. den Porree erst 1 Min. vor der Fertigstellung zugeben.

Das Sieb mit dem Gemüse herausheben und beiseite legen. Die Brühe durch ein Sieb geben und das verkochte Gemüse wegtun; jetzt das kurz gegarte wieder in die Brühe geben.
Ich weiß nicht, was besser ist, die Brühe oder das Fleisch?!

Anmerkung: Auch an dieser Stelle kann man einen Teelöffel von der o. g. Kalten Sauce in die Brühe geben. Man sticht sich dann immer etwas davon mit dem Löffel ab. Auf keinen Fall darf die Sauce verrührt werden – die Brühe würde eine sehr unschöne graue Farbe annehmen.

Lamm mit Trockenfrüchten und Mandeln

750 g	entbeinter Kotelettstrang
2 Tassen	Fleischbrühe
2 kl.	Zwiebeln, feingewürfelt
1 Tasse	Backpflaumen, ohne Stein, halbiert
1 Tasse	getr. Aprikosen, ohne Stein, halbiert
1 EL	geriebener Ingwer
1 Prise	Zimt
	Pfeffer
	Öl
1 Tasse	gehäutete Mandeln, geröstet

Das Fleisch in ca. 2 cm große Stücke schneiden. In heißem Öl (ggf. nacheinander) goldbraun anbraten. Früchte, Gewürze und Zwiebeln zugeben und mit Brühe ablöschen. Zum Kochen bringen, dann die Temperatur senken und so ca. 1 Std. weiter köcheln lassen, bis das Fleisch zart ist.
Mit den Mandeln verzieren und zu Reis servieren.

Anmerkung: Lamm verliert seine kräftige Note, wenn es mit Früchten in Verbindung gebracht wird. Ich finde diese Kombination besonders reizvoll.
Es eignen sich natürlich auch andere Trockenfrüchte. Bei türkischen Marktständen bekommt man ein sehr breites Angebot, wie z. B. getrocknete Papaya oder Mango.

Besonders edel wird das Gericht, wenn man die Trockenfrüchte vorher mindestens einen Tag in einen geeigneten Alkohol einlegt. Bei gelben Früchten würde ich einen hellen Alkohol bevorzugen, z. B. Pfirsichlikör, weißen Portwein, Calvados …

Lammlachse im Blätterteigmantel

1	Lammlachs pro Person
	Pfeffer und Salz aus der Mühle
	Spinat
	Muskat
1 kl.	Zwiebel
1	Knoblauchzehe
	Olivenöl
1–2	Lagen Blätterteig
	Eigelb

Lammlachse mit Pfeffer und Salz würzen und in Olivenöl von allen Seiten goldbraun anbraten, beiseite stellen.
Den Spinat blanchieren (nicht zerkleinern).
Die Zwiebel und den Knoblauch möglichst fein würfeln und in Olivenöl glasig dünsten. Spinat gut abgetropft dazugeben mit Muskat und Gemüsebrühe würzen. Ca. 2 Min. zusammen köcheln lassen.
Die Spinatmasse in ein Leinentuch geben und gründlich ausdrücken. Das Leinentuch ausbreiten und die Spinatmasse zu einem flachen Rechteck formen (Länge entspricht der Länge des Fleisches), Fleisch in die Mitte legen und mit Hilfe des Tuches den Spinat jetzt um das Fleisch wickeln.
Pro Portion den Blätterteig ausrollen, die Lammlachse mit dem Spinat vorsichtig darauf legen und den Blätterteig zusammenschlagen. Mit Eigelb die Überlappungen verkleben und die Oberfläche damit bestreichen.

Bei hoher Temperatur im Backofen garen, bis der Teig goldgelb ist. Vor dem Servieren noch etwas ruhen lassen.

Lammrücken

1–2	Lammrücken-Hälften (ohne Wirbelsäule – nur so kann man später zwischen den Rippen durchschneiden. Wenn das nicht möglich ist, das Kotelettstück im Ganzen von der Wirbelsäule lösen, aber an den Rippen noch etwas hängen lassen. Das hat den Vorteil, dass man darunter noch würzen kann und das Fleisch gleichmäßig gart.)
3	Tomaten
	Thymian
5	Schalotten
5	Knoblauchzehen
	Olivenöl
	geriebenes Weißbrot, Petersilie, Knoblauch, Parmesan, zerlassene Butter

Die Fettseite des Lammrückens kreuzweise einritzen, mit Salz einreiben und mit der Fettseite nach unten in den Backofen in eine dort vorgeheizte, eingeölte Kasserolle legen. Nach 15 Min. Fett abschöpfen. Zerschnittene Tomaten, halbierte Schalotten, ganze ungeschälte Knoblauchzehen und ein Sträußchen Thymian in etwas Olivenöl geben und das Rückenstück jetzt mit der Fettseite nach oben darauf geben, noch einmal salzen und pfeffern. Jetzt noch einmal bei starker Hitze 15 Min. im Backofen garen lassen.

Mit einem Gemisch aus geriebenem Weißbrot, grob gehackter glatter Petersilie, gepresstem Knoblauch und etwas geriebenem Parmesan bestreuen, gut andrücken und unter dem Grill kurz überkrusten. Danach noch ca. 5–10 Min. ruhen lassen.

Dazu: Kartoffelgratin und Kenia-Böhnchen

Lamm-Leber

Die Leber soll nur ein kleines Häppchen sein. Entweder dem Liebsten während des Kochens zwischendurch als Appetitanreger gereicht, oder lauwarm über einen Salat aus Eichblatt, Radicchio und Rauke mit ein paar gerösteten Pinienkernen und einer Vinaigrette aus Balsamico, Walnussöl, Olivenöl, Salz, Pfeffer, Senf (z. B. Champagner-Senf) und einem EL Cassis.
Die Leber sehr sorgfältig von allen Häuten und Sehnen befreien und würfeln.

1	rote Zwiebel
1	säuerlicher Apfel
3–4	in Alkohol eingeweichte Backpflaumen
	Salz, Pfeffer, Majoran
	Grappa oder Cognac oder Sherry
	Butter und Öl

In Ringe geschnittene Zwiebeln und Apfelviertel in einem Öl-Butter-Gemisch mit etwas Salz andünsten. Die Leberwürfel mit gezupftem Majoran zugeben und rundherum kurz anbraten. In Streifen geschnittene Backpflaumen zugeben, mit Alkohol (je nach Geschmack) abschmecken.
Hochprozentiger Alkohol sollte flambiert werden.
Beim Kochen fallen ab und zu einmal so nette Kleinigkeiten an, wie z. B. auch die Taubenleber, Zucchiniblüten o. Ä. Nicht immer reicht das für einen Gang für alle Gäste. Doch wenn man zu zweit vorab so ein Häppchen probieren kann, hebt das die Stimmung und die Vorfreude auf die Gäste.

Lammragout

1 kg	Lammfilet in große Würfel geschnitten
	Olivenöl
2	Zwiebeln, in Würfel geschnitten
mehrere	große Knoblauchzehen in ihrer Schale
1	Lorbeerblatt, evtl. ein Zitronenblatt
1 TL	Paprikapulver
	Salz, Pfeffer
	trockener Sherry
1 Strauß	grob gehackte, glatte Petersilie
	frisches Gemüse nach Wahl: z. B.: Erbsen, Möhren, Zucchini, Auberginen, grüne Bohnen, Pferdebohnen, blanchierte Wirsingkohlstreifen

Die Lammwürfel in Schüben in einer Kasserolle anbraten. Es darf nur so viel Fleisch auf einmal in den Topf, dass das Fleisch nicht anfängt zu ›suppen‹ – es soll jeweils von allen Seiten braun, aber nicht zu kräftig angebraten sein. Gehackte Zwiebeln gesondert in einer Pfanne glasig dünsten.
Jetzt Fleisch, Zwiebeln, Lorbeer und Knoblauch zurück in die Kasserolle geben, mit Salz, Pfeffer und dem Paprikapulver würzen, schütteln, bis das Fleisch den Paprika ringsherum annimmt, und mit Sherry ablöschen. Das Gericht 1–2 Stunden leise simmern lassen, bis das Fleisch zart ist. Evtl. etwas Wasser zugeben – möglichst aber so vorsichtig erhitzen, dass das nicht nötig ist.
Kurz vor Beendigung der Garzeit das gewählte Gemüse zugeben – es soll in jedem Fall knackig bleiben. Man muss sich also nach der individuellen Garzeit des Gemüses richten.
Nach Beendigung der Garzeit die gehackte Petersilie unterheben.

Dazu: Safranreis

Marinierte Lammkeulensteaks

	Saft von einer Zitrone
	reichlich frischen Majoran (ist intensiver als Oregano – aber nur im Sommer erhältlich; zur Not durch getrockneten ersetzen)
4	Lammsteaks aus der Keule (mit Knochen)
2	große Zwiebeln oder
1	Gemüsezwiebel
2	Lorbeerblätter
	Salz, Pfeffer
2	Knoblauchzehen
	trockener Weißwein
	Olivenöl

Die Lammscheiben über Nacht in einem Gemisch aus Olivenöl, Zitronensaft, Lorbeer, Majoran, Salz, Pfeffer und fein gehacktem Knoblauch marinieren.
Am nächsten Tag: Das Fleisch trockentupfen und in heißem Olivenöl von beiden Seiten anbraten. Das Fleisch jetzt in eine flache Auflaufform legen, wieder mit der Marinade und den in Ringe geschnittenen Zwiebeln bedecken und mit Wein auffüllen, bis das Fleisch gerade bedeckt ist. Die Zwiebeln etwas andrücken, damit sie Kontakt zu der Flüssigkeit haben.
Die Auflaufform sehr sorgfältig mit Alufolie abdecken und 2 Std. im Backofen garen.

Dazu: Junge Pellkartoffeln mit Knoblauch-Crème fraîche

Lammspieße mit Joghurtsauce

1 kg	Lammfleisch (nicht zu mager, aber ohne Sehnen)
	Knoblauch (nach Belieben)
1	geriebene Zwiebel
1	Lorbeerblatt
	Thymian, Rosmarin, Bohnenkraut
	Zesten von der Schale einer Zitrone
	Zitronensaft
3 EL	Calvados
	Olivenöl
	Salz, Pfeffer
1 TL	Zucker
1	Aubergine

Joghurtsauce:

1	großer Becher Naturjoghurt
1	Blatt frische Minze (echt Mitchum)
1	Knoblauchzehe, gepresst
	Salz

Das Lammfleisch möglichst gleichmäßig grob würfeln und über Nacht in den o. g. Zutaten (ohne Auberginen) marinieren.
Die Auberginen in grobe Stücke schneiden, salzen, 20 Min. Wasser ziehen lassen, abtupfen. Das Fleisch ebenfalls sorgfältig trockentupfen.
Fleisch und Auberginen abwechselnd auf Spieße stecken und auf dem Holzkohlegrill grillen (sonst unter dem vorgeheizten Grill im Backofen).

Dazu: Joghurtsauce

Anmerkung: Spieße regen immer die Phantasie an. Es gibt viele Kombinationen. Man sollte nur immer darauf achten, dass die aufgespießten Teile etwa die gleiche Garzeit haben.

Als Sauce eignet sich auch eine scharfe **Tomatensauce**:
Tomaten häuten und entkernen. Zwiebeln, Knoblauch und Peperoni fein würfeln und in wenig Olivenöl andünsten. Tomatenwürfel zugeben, zuckern und salzen und mit Cayennepfeffer schärfen. Evtl. etwas Ingwer dazu reiben.
Kalt zu Lammspießen servieren.

Lammreistopf mit Rosinen

1 kg	Lamm aus Keule und Schulter
	Salz, Pfeffer, Paprikapulver, Cayennepfeffer
2 große	Möhren
2	Zwiebeln
4 EL	Rosinen
2 Tassen	Reis (parboiled)
	Olivenöl

Lamm in große Würfel schneiden und in Olivenöl kräftig anbraten. Mit Salz, Pfeffer, Paprika und etwas Cayennepfeffer würzen. Gewürfelte Möhren, grob gehackte Zwiebeln und Rosinen zugeben. Reis unterrühren. So viel Wasser zugießen, dass der Reis gerade bedeckt ist, 1 TL gekörnte Gemüsebrühe unterrühren. Einmal aufkochen lassen; mit einem Deckel gut verschließen. Die Feuerquelle abstellen und das Gericht mindestens eine 1/2 Std. quellen lassen. Zum Schluss noch einmal für 2 Min. kräftige Hitze geben. Der Deckel darf während der ganzen Zeit nicht geöffnet werden. Wünschenswert wäre, wenn die unterste Schicht Reis leicht knusprig angebraten wäre.

Gegrillte Koteletts

Von den Koteletts das extreme Fett abschneiden, aber unbedingt einen Rand stehen lassen. Dieses Fett einschneiden, ohne das Fleisch darunter zu verletzen. Um evtl. herumhängendes Fleisch zu bändigen, kann man es mit einem Rosmarinzweig feststecken. Das Fleisch mit Pfeffer und wenig Salz würzen und von jeder Seite ca. 3 Min. grillen. Erst jetzt die gewünschte Salzmenge ergänzen.

Lamm-Hack-Auflauf

500 g Lammhack
2 Zwiebeln
5 Tomaten* (gehäutet, gewürfelt, ohne Kerne und Flüssigkeit)
2 Auberginen
1 Bund glatte Petersilie
Majoran
Weißwein
Pfeffer, Salz, Piment
Tomatenmark
2 Knoblauchzehen
2 Mozzarella
2 EL Parmesan

Auberginen in Scheiben schneiden, salzen und 30 Min. ziehen lassen, trockentupfen. Auf einer Plancha ohne Fett anbraten.
In einer Pfanne grob gewürfelte Zwiebeln mit Salz andünsten. Lammhack (es sollte grob durchgedreht sein) in Öl anbraten und würzen. Tomatenmark und grob gehackte Petersilie unterheben.
In einer Auflaufform Hackmasse, Tomatenwürfel und Auberginenscheiben schichten. Geriebenen Parmesan darüber streuen und mit Mozzarella-Scheiben bedecken.
Ca. 1/2 Std. im Backofen überbacken.

* Tomaten:
Bei Tomaten sollten Sie sehr wählerisch sein. Die meisten erhältlichen schmecken nach gar nichts, vielleicht gerade noch etwas säuerlich; dann lohnt sich die Mühe nicht. Das gilt nicht nur für holländische, genauso für Strauch- oder französische Tomaten. Suchen Sie auf dem Markt. Während des ganzen Sommers werden ›eigene‹ Tomaten angeboten. Scheuen Sie sich nicht, vorher zu probieren. Die Tomate sollte aromatisch und süß schmecken. Wenn Sie Lust bekommen, die Tomaten wie Äpfel zu essen, haben Sie die richtigen erwischt.
Noch so ein Ammenmärchen: Die Tomaten müssen reif sein. Noch grün-gelblich, gerade mal angerötet, sind sie viel aromatischer und keineswegs giftig. Sehen Sie sich auf südländischen Märkten um, dort werden die Tomaten immer viel heller angeboten als hier.

Spieße mit gebeiztem Lamm

Lamm aus Keule, Schulter oder Nacken.
Allen Fleischsorten ist ein gewisser Fettanteil gemein, der gewährleistet, dass das Fleisch beim Grillen saftig bleibt.
Das Lammfleisch in ca. 3 cm große Würfel schneiden und über Nacht in einer Beize nach Ihrer Wahl einlegen:

Beize Nr. 1:
Öl, Weinessig, Thymian, Oregano, Estragon und Dijon-Senf

Beize Nr. 2:
Joghurt, Knoblauch, Kurkuma, gemahlene Nelken, Kardamom und Zimt

Beize Nr. 3
Joghurt, Paprikapulver, Cayennepfeffer und Zitronensaft

Zur Weiterverwendung das Lammfleisch sehr gründlich trockentupfen und die Stücke auf einen geölten Spieß stecken. Darauf achten, dass zwischen den Fleischstücken ein Zwischenraum bleibt, damit alles gleichmäßig bräunt und gart.
Die Fleischspieße 6–8 Min. auf dem Holzkohlegrill garen, ab und zu wenden.

Dazu: Blattsalat mit Croutons

Blattsalat mit Croutons

Je nach Jahreszeit verschiedene Blattsalate,
z. B. Feldsalat, Radicchio, Frisée

250 g	Weissbrot
	Vinaigrette (siehe S. 39)
3 EL	Butterschmalz
	Kresseblüten

Den Salat in mundgerechte Streifen schneiden.
Weissbrot entrinden und würfeln. In dem Butterfett knusprig braun braten.
Salat mit Vinaigrette beträufeln, die Croutons darübergeben und mit grob gehackten Kresseblüten bestreuen.

Lammkeule vom Drehspieß

1	Lammkeule
	Olivenöl
	Pfeffer, Salz, Paprika
3	große Knoblauchzehen
1 Tasse	Cognac

Den Knochen aus der Lammkeule herauslösen (der Fleischer kann das ›hohl‹ – d. h., der Knochen wird ausgelöst, ohne dass die Keule aufgeschnitten wird).
Das Fleisch überall gründlich mit gewürztem Öl einreiben und mit Knoblauchzehen spicken.
Zu einem festen Paket um den Drehspieß des Grills wickeln und je nach Größe garen (ca. 1 Std.).
Zwischendurch immer wieder abwechselnd mit Öl und Cognac bestreichen.
Nach Ende der Garzeit den Drehspieß abschalten, die Tür halb öffnen und noch 10 Min. ruhen lassen.

Dazu: Kartoffelpüree und Blumenkohl mit Safran gefärbt und:

Butterscheiben:
Butter weich rühren und nach Belieben würzen, z. B.
- mit Salz
- in Rotwein gegarten Schalotten
- Tomatenmark
- Knoblauch
- Kräutern ...

Butter zu einer Rolle formen und sehr kalt stellen, evtl. sogar einfrieren – später in Scheiben zu dem Fleisch geben.

Noisettes

Lammfilet
Butter
Öl
Salz und Pfeffer
Thymian
Sahne

Das Lammfilet herauslösen und in 3 cm dicke Scheiben schneiden.
Öl und Butter erhitzen, bis es schäumt. Das Fleisch würzen und 4 Min. braten, dabei einmal wenden. In eine vorgewärmte Servierschale geben.
Sahne und frischen abgezupften Thymian dazugeben und bei mittlerer Hitze auf 1/3 reduzieren.
Die Sauce über das Lamm geben.

Dazu: gebratene Pilze

Pilze:
Es eignen sich alle Pilze, die man bekommen kann. Z. B. rosa Champignons und Austernpilze. (Steinpilze sind natürlich auch nicht zu verachten.)
Beim Kauf von Austernpilzen sollte man darauf achten, dass sie möglichst trocken sind, man hat sonst keine Freude an gebratenen Pilzen, sie ›suppen‹ zu sehr, und man hat keine Chance, sie knusprig zu bekommen. Im Allgemeinen gilt: Pilze nie waschen, sondern nur trocken reinigen. Bei Champignons ziehe ich meistens die Haut vom Hütchen ab. Wenn man sie nur abreibt, kann es schon einmal vorkommen, dass es nachher knirscht.
Am besten zum Braten eignet sich eine schwere Eisenpfanne, und wer hat, sollte unbedingt eine starke Gasflamme benutzen.

Auf dem Grill gebratene Keule

1 kl. Lammkeule
Olivenöl
Paprika, Cayennepfeffer, Salz, Pfeffer, Thymian

Die Lammkeule öffnen, den Knochen herausschneiden und möglichst weit aufklappen. Gewürze und Olivenöl in das Fleisch einreiben. Das Fleisch mit der aufgeschnittenen Seite auf den geölten Grill legen. 20–30 Min. garen lassen und zwischendurch einmal umdrehen – so lange, bis es außen schön braun und auf Fingerdruck gar ist.
Danach das Fleisch auf ein Brett legen, mit Alufolie abdecken und noch 10 Min. ruhen lassen.
Zum Servieren quer in dünne Scheiben schneiden.

Dazu: Salbei-Kartoffeln und Salat

Salbei-Kartoffeln:
Salbei-Kartoffeln sind einfach die perfekte Ergänzung zu einem rustikalen Lammessen. Die Kartoffeln waschen (evtl. bürsten) und trockenreiben. Der Länge nach halbieren, auf ein Backblech setzen und auf dem Rücken mehrmals tief einritzen. Mit Öl bepinseln und salzen.
Salbeiblätter, möglichst frisch gepflückt und in ausreichender Menge (ca. 40 Stck.), in eine Tasse mit Olivenöl tauchen und über die Kartoffeln verteilen. Im Backofen bei 180°C 20 Min. backen. Mit dem Messer die Garprobe machen – durch das Einritzen ist die Garzeit je nach Kartoffelsorte manchmal unerwartet kurz. Sehr wichtig ist es, den Salbei in Öl zu tauchen, so wird er schön knusprig; trocken würde er einfach wie Papier verbrennen.

Anmerkung: Man kann die feuchten Schnittflächen der Kartoffeln auch in Sesam tauchen.

Salat:
Ein Rezept für Salat aufzuschreiben, finde ich eigentlich völlig überflüssig – man richtet sich sowieso nach der Saison. Er könnte z. B. folgendermaßen zusammengestellt sein: Eichblattsalat, wenige Blätter Radicchio, Rauke, Äpfel, rohe Champignons, roher Spargel, trocken geröstete Pinienkerne oder Sonnenblumenkerne, Orangenspelten.
Besonders gern gebe ich etwas Warmes auf den Salat, z. B.
- in Butter angebratene Birnen,
- den Spargel statt roh, in Stücke geschnitten, in Butter angebraten und mit Orangensaft abgelöscht, der dann wieder eingeköchelt,
- gebratene Hühnerleber,
- überbackenen Ziegenkäse,
- fein gewürfelten, ausgelassenen Speck,
- angebratenes Kaninchenfilet …

Für mich sind bei einem Salat nur zwei Sachen wichtig: Die Vinaigrette und das Knackige. Das erreicht man am besten, wenn man den Salat in einer flachen Form schichtet, ihn also nicht umrührt und erst ganz zum Schluss die Vinaigrette darüberträufelt.

Vinaigrette:
Guten Balsamico-Essig mit Pfeffer und Salz aus der Mühle und 1TL Zucker würzen, 1 Tl. besten Senf (Dijon-, Cidre- oder Champagner-Senf) unterziehen, gut verquirlen, bis man meint, dass Salz und Zucker aufgelöst sind. Ca. 3 EL Walnuss-Öl dazugeben. Bestes kaltgepresstes Olivenöl in einem dünnen Strahl dazugießen und gleichzeitig kräftig schlagen, bis die Vinaigrette dicklich wird. Zum Schluss einen Schuss Cassis unterschlagen (nicht zu viel, sonst wird die Sauce wieder flüssig).
Ich habe Vinaigrette immer auf Vorrat in einem Schüttelglas – das macht die Entscheidung leichter, eben mal einen kleinen Salat zu machen.

Gefüllte Zucchini mit Lammhack

4 kleine Zucchini
300 g Lammhack
1 große Zwiebel
1 Knoblauchzehe
frische Kräuter:
Petersilie, Thymian,
Bohnenkraut
sehr wenig Liebstöckel und Minze
viel Schnittlauch oder Knoblauch,
Bärlauch oder Winterhecken-
zwiebeln
Pfeffer und Salz
Raclette
Butter und Öl

Zucchini waschen, Stiel- und Blütenansatz entfernen, längs halbieren, mit einem Kugelausstecher aus der Mitte Zucchinifleisch herausheben und beiseite stellen. Etwa 2 Min. blanchieren.
Zwiebeln, Knoblauch und Zucchinifleisch andünsten und würzen. Das Lammhack in einer gesonderten Pfanne anbraten und ebenfalls würzen. Alles zusammenmengen und die gehackten Kräuter unterheben.
Die Zucchinihälften in eine Auflaufform legen und mit der Mischung füllen. Wenn noch Füllung da ist, auch noch dazwischen verteilen. Reichlich mit geriebenem Käse bestreuen. Im Backofen backen, bis der Käse anfängt zu bräunen.

Anmerkung: Die Füllungen lassen sich vielfältig variieren, beispielsweise
– selbst gezogene Sprossen darüber geben,
– Mozzarella zum Überbacken verwenden,
– gegarten Dinkel unter die Masse heben,
– weitere Gemüse zufügen, wie z. B. angebratene Pastinaken,
– eingeweichte Steinpilze untermengen …

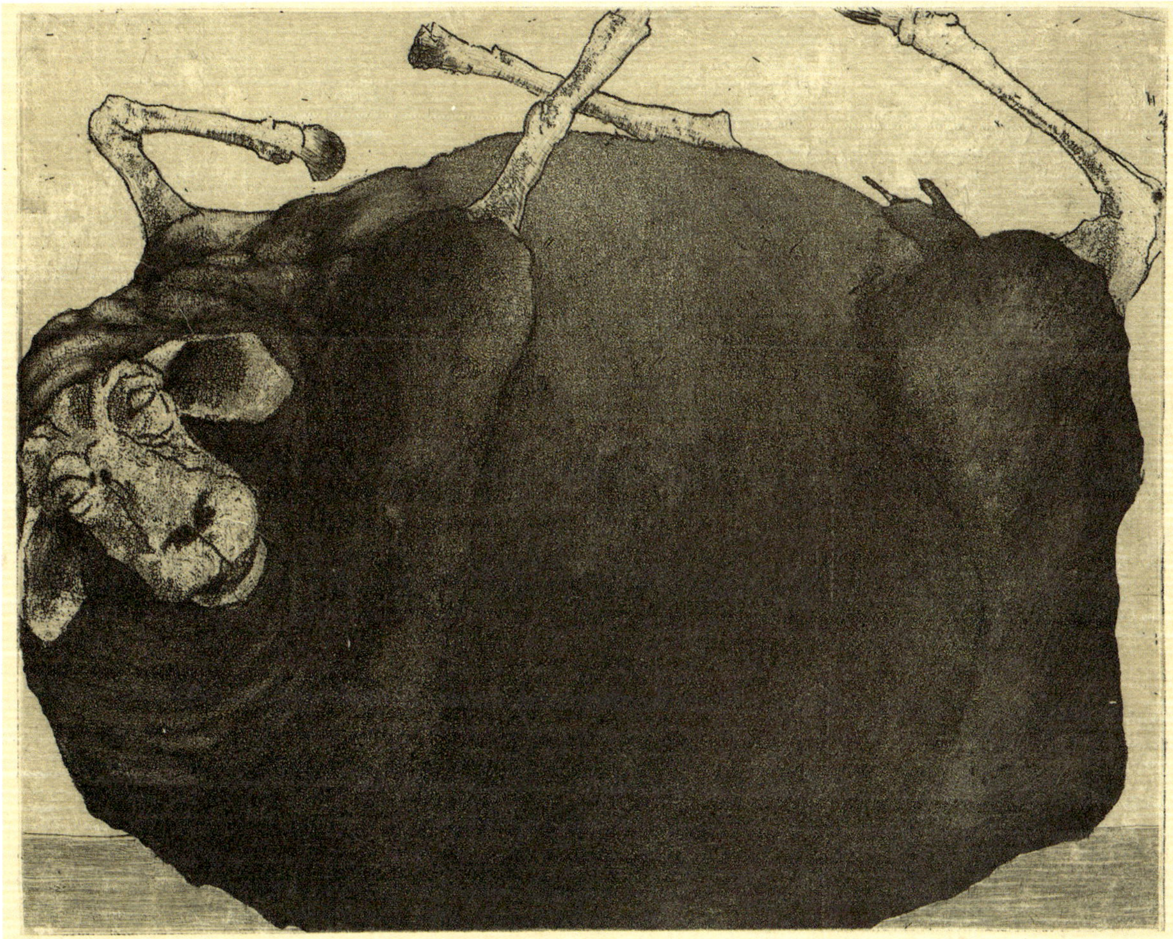

Gefüllte Paprika

500 g	Lammhack
	kleine runde, hellgrüne türkische Paprika
1	großes Bund glatte Petersilie
2 geh. EL	Paprikapaste
2 EL	Tomatenmark
	wenig Cayennepfeffer
	Paprikapulver
1 große	Zwiebel
1 EL	Wasser
2 kl. Tassen	Reis (parboiled)

Den Deckel der Paprika abschneiden, den Stiel wenn nötig etwas kürzen und die Kerne entfernen.

Füllung:
Zwiebel in feine Würfel schneiden, Petersilie grob hacken und mit allen anderen Zutaten zu einem geschmeidigen Teig kneten. In die Paprika füllen und den Deckel wieder darauf setzen.

Gefüllte Paprika in das Sieb eines Dampftopfes (nicht: Dampfdrucktopf) setzen, evtl. auch übereinander. Mit etwas Salz bestreuen. Den darunter liegenden Topf etwa 8–10 cm mit Wasser füllen, alles gut verschließen und im milden Dampf ca. 20–30 Min. garen lassen. Probieren, ob der Reis gar ist – er sollte nicht verkocht sein.

Dazu: Knoblauchjoghurt (siehe S. 30)

Dieses Gericht ist bei uns ein beliebtes Familienessen. Man kann es natürlich auch mit roten und gelben Paprika zubereiten, ich finde aber die zarten türkischen einfach unübertroffen. Will man besonders schlemmen, kann man Schafsjoghurt verwenden – wenn Sie Glück haben, bekommen Sie ihn auf dem Markt – er ist runder und natürlich auch gehaltvoller, aber so göttlich, dass Sie diesmal nicht auf die Kalorien achten sollten.
Falls wider Erwarten doch etwas übrig bleiben sollte, lässt es sich gut weiterverarbeiten: die kalten gefüllten Paprika in Scheiben schneiden (sie halten in der Regel gut zusammen) und in Butter langsam knusprig braun braten.

Lammkarree mit Sesam, Mohn, Quittensauce und Salbei

1	Lammkarree (2 kg)
1 TL	gehackten Knoblauch
	Sesam
	Mohn
1 Zweig	Thymian
1 Zweig	Rosmarin
einige	Blätter Salbei
50 g	Quittenfleisch
1 EL	Olivenöl
	Salz und Pfeffer
	Lamm-Fond

Das Lammkarree vom Knochen befreien (wenn noch nicht vorhanden, den Knochen für den Fond verwenden). Das Fleisch wird reichlich mit Sesam und Mohn bestreut und möglichst festgedrückt. Das so gewürzte Fleisch in einen flachen Bräter legen, der mit Öl ausgepinselt worden ist. Den Bräter 5 Min. unter den heißen Grill schieben und danach in ein anderes Gefäß umfüllen und ruhen lassen.
In den Bräter jetzt etwas Öl nachfüllen und Knoblauch, die Kräuter und die in Würfel geschnittenen Quitten dazugeben. Den Fond angießen und alles bei schwacher Hitze reduzieren lassen. Die Sauce abschmecken und durch ein Sieb geben; dabei die Quitten etwas ausdrücken, damit die Sauce runder wird.

Dazu: Kartoffel-Petersilienwurzel-Mus

Kartoffel-Petersilienwurzel-Mus

250 g	mehlig kochende Kartoffeln
3	Petersilienwurzeln
	Salz
	Lorbeer
	Olivenöl

Alles gar kochen und durchpressen (nicht elektrisch pürieren), salzen und mit Olivenöl glänzend rühren.

Lamm-Bällchen

1 Bund	glatte Petersilie (es sollte wirklich viel Petersilie sein)
1	Schalotte
2	Knoblauchzehen
400 g	Lammhackfleisch
1	Ei
	Salz, Pfeffer, Thymian, Cayennepfeffer, Chinagewürz
	Öl

Schalotte und Knoblauch sehr fein würfeln. Petersilie grob hacken und mit den übrigen Zutaten vermengen.
Kleine Bällchen formen und in Öl von allen Seiten knusprig braten.

Dazu: Penne und Zucchini in Sauce

Zucchini in Sauce:

2	Zucchini
1 EL	Butter
200 ml	Geflügelfond
250 g	Sahne
1	Zitrone
1 Pr.	Zucker
	Salz, Pfeffer

Die Zucchini in etwa 5 cm lange, schmale Streifen schneiden und in einem Topf mit 1 EL Butter kurz andünsten, Mit Geflügelfond (Glas) auffüllen, Sahne zugeben und bei offenem Deckel köcheln lassen. Das Gemüse sollte auf keinen Fall zu weich werden.
Sauce mit Zitronensaft, einer Prise Zucker, Salz und Pfeffer abschmecken.

Gefüllte Lammkeule

1	Lammkeule
1 Bund	Thymian
1 Zweig	Rosmarin
10	Knoblauchzehen
	Olivenöl
2	Möhren
1 Stck.	Sellerie
1 Stange	Porree
3	Zwiebeln
1 EL	weiße Pfefferkörner
1 Fl.	Rotwein
1 EL	Tomatenmark
500 ml	Lammfond
100 g	Weißbrot
	Butter
	Salz
	Chili
100 g	Blauschimmelkäse
1 Bund	Petersilie, evtl. andere Kräuter aus dem Garten
10	Backpflaumen, über Nacht in Calvados eingeweicht

Lammkeule vom Fleischer auslösen lassen (Knochen wird ebenfalls gebraucht).
Für die Marinade Thymian, Rosmarin und 3–4 Knoblauchzehen fein hacken und in Öl zu einer Paste rühren. Das Fleisch von außen und innen gründlich damit einreiben, in einem Gefrierbeutel über Nacht im Kühlschrank marinieren lassen.

Für die Sauce die Knochen fein hacken und das Gemüse grob würfeln. Beides im Backofen 40–60 Min. rösten lassen. Herausnehmen, falls nötig Fett abschöpfen und in einen Bräter geben. 5 Knoblauchzehen (mit Schale), weiteren Thymian und Rosmarin und die Pfefferkörner zugeben. Mit wenig Rotwein ablöschen und etwas einköcheln lassen. Tomatenmark dazugeben und kurz anschwitzen lassen. Restlichen Rotwein und Lammfond zugeben und ca. 50 Min. leise köcheln lassen.

Für die Füllung: Weißbrot fein würfeln, 2 Zwiebeln und 2 Knoblauchzehen, Thymian, Rosmarin in Butter andünsten. Mit Salz und Chili würzen. Grob gehackte Backpflaumen unterheben, Blauschimmelkäse mit der Gabel zerdrücken und unter die lauwarme Masse rühren.
Die Lammkeule damit von innen dick bestreichen und mit Rouladennadeln oder besser noch Küchengarn fest verschließen. Lammkeule im Backofen bei 190°C ca. 65–70 Min. braten.
Die Sauce durchsieben, noch einmal aufkochen lassen und danach Petersilie zugeben.

Milchlammrücken

1	Milchlammrücken
	Salz und Pfeffer aus der Mühle, Paprika
	Olivenöl
1 Tasse	Calvados
1	Gemüsezwiebel
3	Knoblauchzehen
1	säuerlicher Apfel
1 Stck.	frisch geriebener Ingwer
	Zucker
300 g	Austernpilze
2 EL	Balsamico-Essig

Die Fettschicht kreuzweise einschneiden; mit Salz und Pfeffer aus der Mühle einreiben und in Olivenöl von allen Seiten anbraten. Mit ca. 4 EL Calvados begießen und in einer Auflaufform in den vorgeheizten Backofen schieben.
In der gleichen Pfanne geachtelte Gemüsezwiebel, 3 gepellte Knoblauchzehen und einen geschälten und geachtelten Apfel geben. Mit frischem Ingwer, Salz und Paprika würzen. Etwas anbraten und dabei mit wenig Zucker bestreuen. Mit Calvados ablöschen.
Wenn die Zwiebeln glasig sind, alles in die Form zu dem Fleisch in den auf 200°C vorgeheizten Backofen geben. Die Austernpilze in Streifen schneiden, ebenfalls anbraten und danach zum Fleisch geben. Den Lammrücken jetzt gut eine 1/2 Std. backen lassen.
Zwischendurch immer wieder mit dem entstandenen Sud bzw. neuem Calvados bestreichen.
Das vorletzte Mal einen guten Balsamico über das Fleisch sprühen. Danach ca. 1 Std. im abgeschalteten Backofen ruhen lassen. Das Fleisch sollte noch rosa sein.

Dazu: Orangenwirsing

Orangenwirsing:

1 kleiner Kopf	Wirsing
1 Topf	Crème fraîche
	Salz, Pfeffer, Muskat, Zucker
Saft von 1	Zitrone
ca. 1 EL	Orangenzesten

Die Wirsingblätter blanchieren und in Lagen in eine flache Form schichten. Zwischen jede Schicht die gewürzte Crème streichen. Die Form mit Alufolie abdecken und bei 100°C ca. 1/2 Std. im Backofen garen lassen.

Lamm-Eintopf mit roten Linsen

300 g	Lammfleisch aus der Keule
500 g	aromatische Tomaten (enthäutet und entkernt)
1 TL	Kurkuma
1 Strauß	glatte Petersilie
200 g	rote Linsen
4	Schalotten
ca. 2 Gläser	Rotwein
1 kl.	Möhre
5	Knoblauchzehen
1 TL	milden Paprika
	Salz, Pfeffer, Olivenöl
	Zitronenscheiben zum Garnieren

Das Lammfleisch von den Sehnen befreien und in grobe Würfel schneiden. In Olivenöl von allen Seiten gut anbraten. Mit Salz, Pfeffer, Paprika und Kurkuma würzen. Fein gewürfelte Möhre zugeben. In einem zweiten Topf die grob gewürfelten Schalotten und Knoblauchzehen in Olivenöl langsam glasig werden lassen, dabei gleich zu Anfang salzen. Zum Lamm geben. Die gewürfelten Tomaten zugeben, leicht anschmoren lassen und mit Rotwein auffüllen, bis alle Zutaten gut bedeckt sind. Rote Linsen waschen und zugeben. Alles in einen schweren Eisentopf geben und bei 180°C ca. 2 Std. im geschlossenen Topf garen lassen. Darauf achten, dass immer genug Flüssigkeit vorhanden ist; evtl. etwas Wasser zugießen.

Nach dem Garen noch 1/4 Std. bei offenem Topf weiterbacken. Vor dem Servieren gehackte Petersilie unterrühren (nicht mehr kochen lassen). Mit dünnen Zitronenscheiben belegen.

Dazu: Joghurtsauce (siehe S. 30)

Lammragout in Rioja

500 g	Lammfilet
1 EL	Mehl
	Olivenöl
2	rote Zwiebeln, in Ringe geschnitten
5 große	Knoblauchzehen
	Paprikapulver
1 Hauch	Nelkenpulver
ca. 1 Fl.	Rioja (rot)
200 ml	Lammfond
1	Lorbeerblatt (möglichst frisch)
2–3 Zweige	Thymian
1 Zweig	Rosmarin
4 kl.	rote Paprika (halbiert und entkernt)
	Salz, Pfeffer

Das grob gewürfelte Lammfleisch mit gewürztem Mehl bestäuben (Salz, Pfeffer, Paprika). In Olivenöl anbraten und in eine feuerfeste Form geben. Zwiebeln und Knoblauch mit Salz, Paprikapulver, Nelke und Lorbeer würzen und in Öl andünsten. Mit Rotwein und Lammfond ablöschen. Thymian und Rosmarin zugeben und kurz aufkochen lassen. Alles über das Fleisch gießen und zugedeckt im vorgeheizten Backofen (160°C) ca. 30 Min. backen.
Die Form aus dem Ofen nehmen. Die mit Stiel halbierten und entkernten Paprika nach oben offen darauf legen, salzen und pfeffern und noch ca. 30 Min. backen.

Das Fleisch muss gar und die Paprika sollten noch knackig sein. (Der Saft, der sich in den Paprika-Hälften bildet, hat ein besonders feines Aroma.)

Dazu: grüne Bohnen und Safran-Reis

Oder: ganz junge Kartoffeln, in der Schale gegart, gepellt und kurz in Safran-Butter geschwenkt.

Überbackene Auberginen mit Lammhack

500 g	Auberginen
2	Fleischtomaten
1	Gemüsezwiebel
500 g	Lammhack
je 1 Prise	Zimt und Piment
1 kl. Dose	Tomatenmark
	Salz, Pfeffer
1 Strauß	glatte Petersilie
2 Gläser	Weißwein
	Olivenöl

Zum Überbacken:

2 Tassen	leicht pikanten Käse, gerieben
1 Tasse	Milch
2 EL	Crème fraîche
	Muskatnuss
2 EL	Parmesan, gerieben

Auberginen in dicke Scheiben schneiden, in ein Sieb schichten und jede Schicht mit reichlich Salz bestreuen. Nach 30 Min. abspülen, leicht ausdrücken und mit Küchenkrepp trockentupfen.
Die Scheiben mit wenig Olivenöl anbraten; am besten geht das auf der Rippenseite der Plancha. Sonst sollten die Scheiben nach dem Braten mit Küchenkrepp möglichst vom überschüssigen Fett befreit werden.
Tomaten häuten und würfeln. Zwiebeln in Ringe schneiden und mit dem Lammfleisch in etwas Olivenöl anbraten. Tomaten und Gewürze zugeben, gründlich durchrühren und mit Wein auffüllen. Ca. 15 Min. köcheln lassen, gehackte Petersilie zugeben. In einer Auflaufform Auberginen und Fleischsauce abwechselnd schichten. Oben sollten Auberginen liegen.
Die Zutaten für das Überbacken gut miteinander verrühren, über die Auberginen geben und im bei 180°C vorgeheizten Backofen ca. 20 Min. backen. Der Käse sollte goldgelb sein.

Lammfilet mit Marsala und Wacholder

25 g	getrocknete Steinpilze
2	Lammfilets, jeweils einmal längs halbiert
2 TL	Balsamico-Essig
8	Knoblauchzehen in ihrer Schale
1 EL	Butterschmalz
3 EL	Marsala
4 Zweige	frischen Rosmarin
5–8	zerdrückte Wacholderbeeren
	Salz und Pfeffer

Die Steinpilze ca. 20 Min. in warmem Wasser einweichen. Die Pilze durch ein feines Sieb oder eine Filtertüte gießen und dabei das Einweichwasser auffangen. Pilze reinigen. Die Lammfilets mit Balsamico besprühen (oder einpinseln), salzen und pfeffern. Knoblauchzehen blanchieren.
Lammfilet in der Butter von allen Seiten anbraten. Marsala, Rosmarin, Pilze und Einweichwasser, Knoblauch und Wacholder zufügen. Noch kurz (ca. 3–4 Min.) weiter köcheln lassen. Mit Salz und Pfeffer abschmecken, Fleisch noch etwas ruhen lassen.

Dazu: Bandnudeln und junger Blumenkohl
Die Röschen in dünne Scheiben geschnitten, blanchiert, in Butterschmalz gebraten und gesalzen.

Oder: Kartoffel-Zucchini-Puffer

Kartoffel-Zucchini-Puffer

2	Zucchini
3 große	Kartoffeln
	Salz, Pfeffer, Muskat
	Butterschmalz
1 EL	Mehl
1	Ei

Zucchini und Kartoffeln grob raspeln, kräftig mit Salz, Pfeffer und Muskat würzen, Ei und Mehl unterrühren. Die Masse etwas stehen lassen. Noch einmal durchrühren und in einer großen schweren Pfanne (möglichst auf starker Gasflamme) in flachen Plätzchen von beiden Seiten braten.

Frikadellen mit Mozzarella

500 g	Lammhack
1	Ei
	Pfeffer, Salz, Paprika
1 EL	Semmelbrösel
1	Zwiebel, gehackt
10	Knoblauchzehen
5	Tomaten (je nach Größe)
3	Mozzarella
ca. 40	Salbeiblätter

Aus Hack, dem Ei, Zwiebel, Semmelbrösel und Gewürzen flache Frikadellen formen. Diese von beiden Seiten in Olivenöl anbraten und abgetropft nebeneinander in eine Auflaufform legen.
Knoblauchzehen schälen, in Scheiben schneiden und in Öl leicht anbraten, salzen. Diese Scheiben auf die Frikadellen legen. Darüber je 1 Scheibe Tomaten geben und mit je einer Scheibe Mozzarella bedecken. Viele frische Salbeiblätter in Öl tauchen und über alles streuen.
Im Backofen 10–15 Min. backen, bis der Käse geschmolzen und der Salbei knusprig ist.

Orientalischer Reistopf

1 große	Zwiebel (fein gehackt)
500 g	Lammfilet, gewürfelt
1 Prise	Zimt
1 kl. Dose	Tomatenmark
100 g	Trockenobst (z. B. Aprikosen oder Mango)
75 g	Pistazien oder Pinienkerne
300 g	Reis (parboiled)
	Salz, Pfeffer
1 Strauß	glatte Petersilie
1 EL	Butter
1 EL	Olivenöl

Butter und Öl in einer schweren Pfanne erhitzen und die Zwiebeln darin glasig dünsten. Dann das Lammfleisch im gleichen Fett anbraten. Mit Salz, Pfeffer und Zimt würzen. Zugedeckt ca. 10 Min. garen lassen. Tomatenmark unterrühren und das Fleisch mit Wasser bedecken.
Zugedeckt bei sehr kleiner Hitze garen lassen (ca. 40 Min.), abschmecken. Es sollte kräftig gewürzt sein, weil der Reis viel neutralisiert.
2 Tassen Wasser angießen und Reis, Pistazien, geviertelte Aprikosen und gehackte Petersilie zugeben. Den Topf fest schließen und ca. 20 Min. weiterköcheln lassen, bis alle Flüssigkeit aufgesaugt und der Reis gar ist.

Lammkeule mit Orangenbutter und Remoulade

1 kl.	Lammkeule
5	Knoblauchzehen
	Salz, Pfeffer aus der Mühle
ca. 150 g	weiche Butter
	abgeriebene Schale von 2–3 Orangen
	Öl
3 EL	Orangenlikör

Die Lammkeule etwas pfeffern und von allen Seiten in heißem Öl kräftig anbraten. Danach salzen. In eine feuerfeste Form geben und im Ofen bei 250°C ca. 40 Min. garen. Die Garzeit ist sehr abhängig davon, wie rosa man den Braten haben möchte. Das Fleisch sollte auf Fingerdruck nachgeben, aber keine Delle hinterlassen. Wenn Sie ein Bratthermometer haben, sollte es 55°C anzeigen, dann ist das Fleisch noch rosa. Während des ganzen Bratprozesses muss die Keule immer wieder mit der Butter bestrichen werden, die vorher kräftig gesalzen und gepfeffert wird; zusätzlich wird die abgeriebene Orangenschale eingeknetet.
Nach dem Bratvorgang muss das Fleisch unbedingt noch 15 Min. bei leicht geöffneter Tür und abgeschaltetem Ofen ruhen. Am Anfang der Ruhzeit das Fleisch mit Orangenlikör einstreichen.

Dazu: Remouladensauce

Remouladensauce:
Aus 2 Eigelb und neutralem Öl eine Mayonnaise rühren. Durch die Gewürze wird sie dann zur Remoulade:

3 EL	fein gewürfelte Gewürzgurken
1 EL	gehackte Kapern
1 EL	Meerrettich
1 TL	körniger Senf
2 EL	Schalotten, fein gewürfelt und in Öl angedünstet
4 EL	gehackte Petersilie (evtl. auch andere frische Kräuter)
	Pfeffer
	Zitronensaft
	Salz und Zucker

Lamm-Cannelloni mit Joghurtsauce

100 g	Möhren
5	Knoblauchzehen
100 g	Schalotten
250 g	Tomaten
2	rote Chilischoten
500g	Spinat
	Salz, Pfeffer, Paprikapulver edelsüß
	Öl und Butter für die Form
600 g	Lammhack
1 EL	Tomatenmark
200 ml	trockener Rotwein
3 EL	Zitronensaft
16	Cannelloni-Hülsen
125 ml	Sahnejoghurt
2 TL	Zitronenschale
150 g	frischer Schafskäse
	glatte Petersilie

Möhren, Knoblauch und Schalotten schälen und fein würfeln. Tomaten kurz blanchieren, schälen, vierteln, entkernen und würfeln. Chili entkernen und sehr fein würfeln. Spinat gründlich waschen, in Salzwasser blanchieren und gut abtropfen lassen, die Hälfte grob hacken.
Lammhack in Öl anbraten. Möhren, Knoblauch und Schalotten zugeben und kurz weitergaren lassen. Mit Salz, Pfeffer und Tomatenmark würzen und mit Rotwein auffüllen. 5 Min. kochen lassen. Gehackten Spinat, Tomaten und die Hälfte vom Chili zugeben, mit Paprika würzen und evtl. noch etwas Wasser auffüllen. Dicklich einkochen, etwas abkühlen lassen, viel grob gehackte glatte Petersilie zugeben und mit Hilfe einer Spritztülle in die Cannelloni füllen. Die Cannelloni nebeneinander in eine gefettete Auflaufform setzen.
Sahne aufkochen, den Joghurt zugeben, mit Zitronenschale, Salz, Pfeffer und dem restlichen Chili würzen.
Den restlichen Spinat unter die Joghurtsauce heben und über die Cannelloni geben. Schafskäse in Scheiben schneiden und die Cannelloni damit belegen. Im Backofen 40 Min. bei 180°C backen.

Medaillons mit Honig-Ingwer-Butter

300 g	Lammfilet
	Pfeffer, Salz,
1 EL	Honig
2 EL	Butter
1 gr. Stck.	frischer Ingwer

Die Lammfilets in ca. 2 cm dicke Medaillons schneiden, pfeffern und bei mittlerer Hitze von beiden Seiten goldbraun braten. Etwas ruhen lassen, salzen. In einer zweiten Pfanne Butter zerlassen, Honig einrühren und mit viel frisch geriebenem Ingwer abschmecken. Als Sauce zu den Medaillons servieren.

Dazu: neue Kartöffelchen und Zuckerschoten (knackig)

Lammgeschnetzeltes mit Steinpilzen

500 g	Lammfleisch aus der Keule
20 g	getrocknete Steinpilze
3	Zwiebeln
	Salz, Pfeffer, Sojasauce
1 Tasse	Weißwein
1 Tasse	Orangensaft
1 EL	Olivenöl
1 EL	Butterschmalz

Steinpilze ca. 20 Min. in warmem Wasser einweichen, absieben (das Einweichwasser auffangen) und sorgfältig reinigen. Lammfleisch von Fett und Sehnen befreien, in schmale Streifen schneiden und in einer Mischung der beiden Fette anbraten. Mit Salz, Pfeffer und Sojasauce würzen. Zwiebeln schälen und in grobe Stücke zerteilen, ebenfalls mit anbraten. Mit Weißwein und Orangensaft ablöschen und so lange kochen lassen, bis die Flüssigkeit fast verdampft ist. Jetzt die eingeweichten Steinpilze und das Einweichwasser zugeben. Noch ca. 10 Min. einköcheln lassen und mit den o. g. Gewürzen abschmecken.

Die ›stundenlang Keule‹ (6 Stunden)

1 große	Lammkeule
	Gänseschmalz
	Pfeffer, Salz, Rosmarin, Thymian
500 g	Tomaten
500 g	rote Zwiebeln
4 kleine	Möhren
ca. 20 kleine	Zwiebeln (z. B. Perlzwiebeln)
2	Petersilienwurzeln
1 Stck.	Sellerie
5	frische Knoblauchzehen
2	frische Lorbeerblätter
mind. 1 Fl.	Rotwein (Rioja)

Die Lammkeule möglichst von allem Fett befreien. In Gänseschmalz von allen Seiten anbraten. Die Poren sollten sich schließen, das Fleisch sollte aber nicht zu braun werden. Anschließend wird die Keule gründlich mit den Gewürzen eingerieben und in einem Bräter in den auf 250°C vorgeheizten Backofen geschoben. Nach einer halben Stunde kann der Backofen auf 160°C heruntergeschaltet werden. Das Gemüse klein schneiden und mit den Lorbeerblättern um das Fleisch herum legen. Nach einer weiteren 1/2 Std. Bratzeit kann der Bräter geschlossen werden. Die Keule soll vorerst 3 Std. garen.
Jetzt viele (ca. 20 Stck.) kleine feine Zwiebeln (Perlzwiebeln, Frühlingszwiebeln – nur das Weiße –, Schalotten) in Gänseschmalz leicht anbraten und ebenfalls in den Bräter geben. Wenn der Gemüsesud zu dick wird, Rotwein angießen. Die Keule kann jetzt noch eine weitere Std. bei niedriger Temperatur leise schmurgeln. Danach den Deckel abnehmen. So nimmt die Keule allmählich Farbe an. Sie sollten die Rotweinmenge ständig kontrollieren. Das Fleisch muss immer wieder begossen werden.
Nach einer weiteren Std. Garzeit die Keule herausnehmen und die Sauce auf starker Flamme einkochen lassen und durch ein Sieb passieren, evtl. noch einmal abschmecken. Der Braten ist jetzt super mürbe!

Spanisches Lammragout

500 g	Lammfleisch aus Keule und Schulter, Knochen
2	Zwiebeln
4	Knoblauchzehen
	Olivenöl
1 Bund	zarte Möhren
1	Gemüsezwiebel
12 kl.	Kartoffeln
	Salz, Pfeffer,
	2 Wacholderbeeren, Safran
1 Tasse	Weißwein
1 Stck.	Ingwer
1 kl. Glas	Cognac

Das Lammfleisch in große Würfel schneiden und zerdrückten Knoblauch in das Fleisch einreiben. 1 Std. stehen lassen. Währenddessen vorhandene Knochen in Olivenöl anbraten, 2 Zwiebeln zugeben und ebenfalls mitbräunen lassen. Mit Salz, Pfeffer und 2 zerdrückten Wacholderbeeren würzen und mit einem halben Liter Wasser auffüllen. Während der Ruhezeit des Fleisches die Brühe köcheln lassen, evtl. nach und nach sehr wenig Wasser nachfüllen. Die Zutaten abgießen und die Flüssigkeit in einem Sieb auffangen.
Das Fleisch in wenig Olivenöl anbraten. Wenn es gut gebräunt ist, geachtelte Gemüsezwiebel zugeben, mit der Sauce und dem Weißwein auffüllen. Ca. 1 Std. köcheln lassen, dabei darauf achten, dass das Fleisch immer leicht mit Flüssigkeit bedeckt ist. Das Safranpulver mit etwas warmem Wasser auflösen und in die Sauce geben. Die geschälten Kartoffeln zugeben, noch etwas nachsalzen (die Kartoffeln ziehen eine Menge Salz, und die Sauce würde sonst zu fade). Die Kartoffeln müssen unbedingt untergetaucht sein, sonst werden sie halb weiß, halb gelb. Insgesamt brauchen die Kartoffeln je nach Sorte knappe 20 Min., bis sie gar sind. (Es sollten kleine Kartoffeln sein – das schmeckt besser als große klein geschnitten.) Nach 10 Min. die Möhren zugeben, die ihre Länge behalten, sollten aber auf eine Dicke von einem zarten kleinen Finger reduziert werden sollen. Sie sollten knackig bleiben. (Anmerkung: Das Letztere ist nicht unbedingt spanisch, dort hat man das Gemüse gern sehr weich.)
Ist alles gar, die Sauce noch einmal abschmecken und evtl. nachwürzen, etwas Ingwer hineinreiben und mit Cognac abrunden.

Wirsingkohlrouladen

500 g	Lammhack
	Salz, Pfeffer, Paprika, Cayennepfeffer
1	Ei
1 Bund	Petersilie (glatte)
1 großen	Wirsing
1 Becher	Sahne
	Butterschmalz

Den Wirsing in Blätter zerteilen. (Die Blätter dabei nicht verletzen.) Die großen Blätter in Salzwasser blanchieren. Die Mittelrippe bis zur Hälfte keilförmig herausschneiden. Blätter gut abtropfen lassen und auf ein Küchentuch legen.
Das Lammhack mit Salz, Pfeffer aus der Mühle, Paprika und etwas Cayennepfeffer kräftig würzen. Das Ei und die grob gehackte Petersilie untermischen.
Kleine Rollen Hack auf je ein Wirsingblatt geben und diese einrollen, dabei die eingeschnittenen Blattteile leicht überkreuzen. Überstehende Blattenden von der Seite unter die Rolle klappen. Wenn nur noch kleinere Blätter übrig sind, kann man auch zwei Blätter versetzt übereinander legen.
Diese Päckchen werden jetzt mit der Unterseite in heißem Butterfett angebraten. Wenn die Rollen leicht angebräunt sind, halten sie die Form und man kann sie vorsichtig wenden. Danach wieder in die Ursprungslage zurücklegen und mit Sahne auffüllen. Evtl. Sauce etwas nachwürzen. Bei geschlossenem Topf ca. 20 Min. leise köcheln lassen.

Dazu: neue Pellkartoffeln

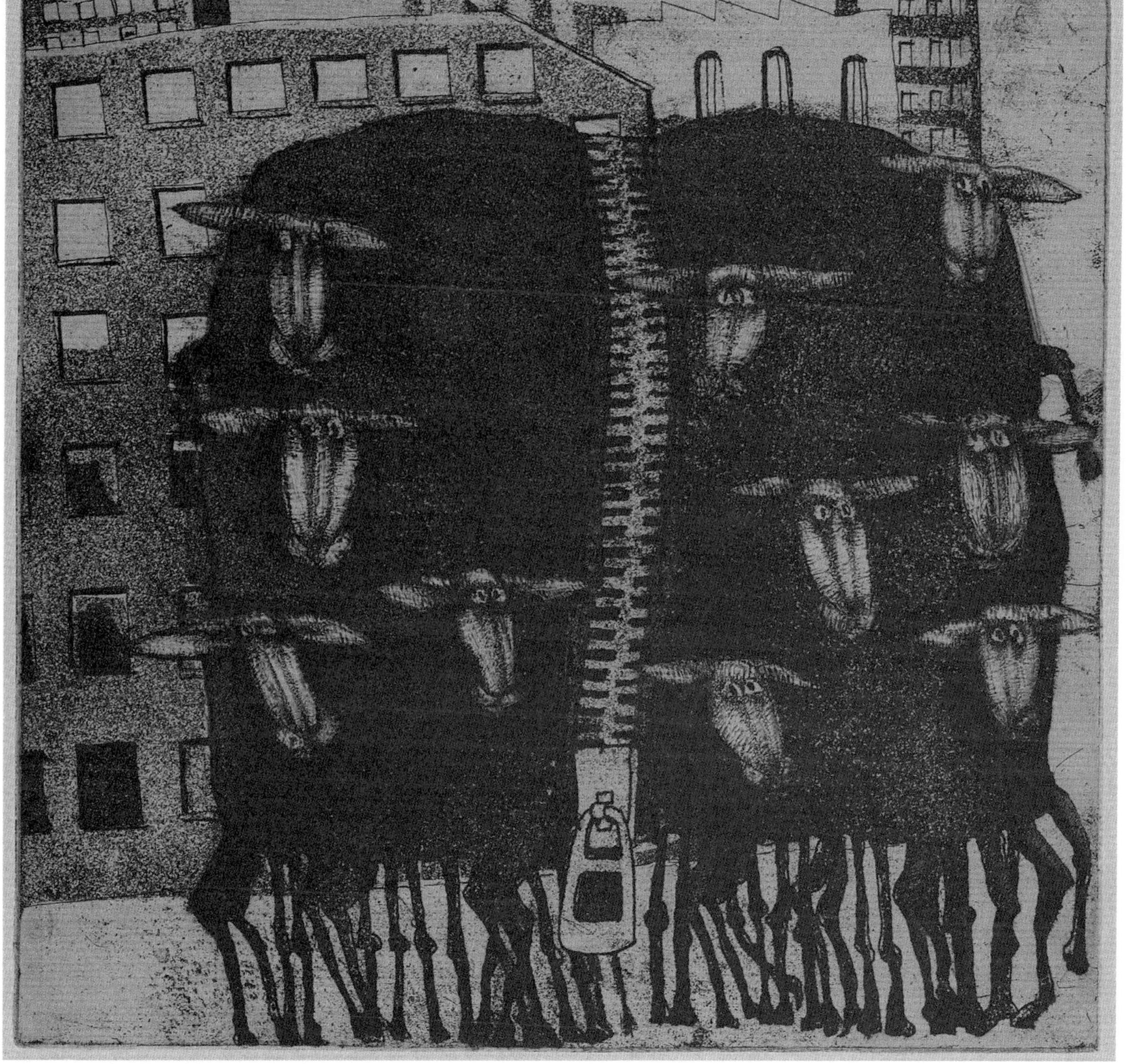

Lammrücken mit Orangensauce

1 kg	Lammrücken (möglichst den vorderen Teil mit den Filets darunter)
	Pfeffer, Salz, Paprika, Cayennepfeffer, Zitronenpfeffer
2	Knoblauchzehen
	Schale von einer kleinen Orange
3 EL	flüssige Butter
1 kl. Glas	trockener Sherry
2 Gläser	Orangensaft
	Sojasauce
2 TL	Orangenkonfitüre
3	Orangen (groß)

Die Fettschicht auf dem Fleisch belassen, wenn vorhanden, die pergamentartige Oberhaut entfernen. Das Fleisch gründlich mit durchgepresstem Knoblauch, Pfeffer und Paprika einreiben.
Die Orangenschale in Zesten schneiden und mit kochendem Wasser überbrühen. Alle Orangen sorgfältig bis unter die weiße Haut schälen und zwischen den Häuten die Schnitze herausschneiden.
Den Lammrücken in einer Kasserolle mit flüssiger Butter beträufeln und im auf 230°C vorgeheizten Backofen 20 Min. braten. Anschließend salzen. Zwischendurch mit Bratensaft beträufeln (nicht zu oft, sonst nimmt die Temperatur zu stark ab). Mit Sherry, Sojasauce und Orangensaft ablöschen. Noch 20 Min. weitergaren und dabei den Braten ab und zu begießen. Das Fleisch auf einen Teller legen und im abgeschalteten Ofen bei leicht geöffneter Tür 10 Min. ruhen lassen.
Die Sauce aus der Kasserolle in einen kleinen Topf geben, aufkochen und mit Cayennepfeffer und Zitronenpfeffer nachwürzen und die Orangenkonfitüre unterrühren. Die Orangenschnitze kurz in der Sauce warmziehen lassen.

Dazu: Safranreis mit Rosinen

Lamm-Medaillons mit Tomatensauce

300 g	Lammfilet
6	Tomaten (nicht zu reif)
2	Schalotten
2	Knoblauchzehen
	frisches Basilikum
	Pfeffer, Salz, Cayennepfeffer
	Olivenöl
1 EL	Butter
1 Schuss	Weißwein
etwas	Lammjus

Filet in 2 cm dicke Medaillons schneiden. Tomaten enthäuten, entkernen und würfeln. Schalotte und Knoblauch so fein wie möglich würfeln. (Da entwickelt so manch einer Ehrgeiz! Am besten, man macht mal einen Familienwettbewerb und der-/diejenige hat dann immer die ehrenvolle Aufgabe des perfekten Kleinwürfelns.)
Das Medaillon würzen (Salz erst nach dem Anbraten zugeben) und in Olivenöl bei mäßiger Hitze von beiden Seiten goldbraun braten. Währenddessen das Fleisch immer wieder mit dem Bratöl begießen. Das Fleisch herausnehmen und warm stellen.
In der gleichen Pfanne Butter zu dem Bratensatz geben und Schalotten und Knoblauch kurz dünsten. Dabei gleich mit etwas Salz bestreuen. Wenn beides anfängt, glasig zu werden, die Tomatenstücke zugeben und mit einem Schuss Weißwein ablöschen – es soll keine dünne Sauce entstehen! Mit Lamm-Jus (siehe S. 14) abrunden und reichlich grob geschnittene Basilikumblätter zugeben. Evtl. nachwürzen. Nach einmaligem Aufkochen sofort zu den Medaillons servieren. Die Tomatenstückchen sollen nicht zerfallen!

Lammcurry mit Äpfeln

1 kg	Lammfleisch (Schulter oder Keule)
2 EL	Gänseschmalz
1 EL	getrockneten Majoran (schmeckt viel intensiver als Oregano)
	Salz, Pfeffer
1 EL	Curry
1	Gemüsezwiebel
1	Kräuterstrauß: Petersilie, Thymian, Rosmarin, Lorbeer, Currykraut, Salbei
3	säuerliche Äpfel
1 Becher	Crème fraîche

Das Lammfleisch in große Würfel schneiden. Die Gewürze (ohne Salz) in das Fleisch einreiben und von allen Seiten in Schmalz anbraten. Die gehackte Zwiebel zugeben und salzen. Noch eine kurze Zeit weiterbraten. Die Zwiebeln sollten aber nur ganz leicht anbräunen. Mit Wasser auffüllen, bis das Fleisch gerade bedeckt ist. Den Kräuterstrauß zufügen und 2 Std. im Backofen garen lassen (160°C).
In der Zwischenzeit die geschälten und geviertelten Äpfel in Butter anbraten und für die letzte halbe Stunde Garzeit zufügen. Alles in ein Sieb geben und die Sauce auffangen. Diese dann gesondert etwas reduzieren, evtl. Fett abschöpfen und Crème fraîche einrühren. Fleisch und Äpfel wieder zurückgeben und noch kurz durchziehen lassen.

Dazu: Bulgur mit Rosinen und Pinienkernen

Bulgur mit Rosinen und Pinienkernen

250 g	Bulgur
1/2 l	Gemüsebrühe
	Rapsöl
2–3 EL	Rosinen
	Salz, Pfeffer
	Pinienkerne

Rosinen und Bulgur in warmem Öl durchrühren. Die Brühe zugießen, bei schwacher Hitze ca. 15 Min. garen. Der Bulgur hat jetzt die Flüssigkeit aufgenommen, und es haben sich an der Oberfläche kleine Vertiefungen gebildet. Den Bulgur noch ca. 20 Min. bei abgeschalteter Hitze ruhen lassen. In der Zwischenzeit die Pinienkerne ohne Fett rösten und zum Schluss unter den Bulgur heben.

Lammkoteletts mit Bärlauch-Pesto

12	Lammstielkoteletts
	Olivenöl
	Pfeffer, Salz
80 g	Bärlauch
100 g	Pinienkerne
2	Knoblauchzehen
50 g	Parmesan
125 ml	Olivenöl
50 g	Pinienkerne

Den Bärlauch waschen, trockentupfen und grob hacken. Die 100 Gramm Pinienkerne in einer Pfanne ohne Fett anrösten, dabei ständig bewegen. Die Knoblauchzehen grob hacken und den Parmesan reiben. Alle Zutaten im Mixer pürieren und dabei nach und nach das Öl dazugeben, mit Salz und Pfeffer würzen.
Die Fettkante der Koteletts mit einem scharfen Messer mehrmals einschneiden. In heißem Olivenöl von beiden Seiten kurz und scharf anbraten, mit Salz und Pfeffer würzen und auf jeder Seite 2–3 Min. bei mittlerer Hitze weiterbraten. Kurz ruhen lassen. Die 50 Gramm Pinienkerne gleichzeitig ohne Fett in einer Pfanne bräunen.
Die Koteletts auf vorgeheizte Teller geben, Pesto daneben geben und darauf die Pinienkerne streuen.

Lammkeule in Gorgonzola

1	Lammkeule
250 g	Gorgonzola
5	Knoblauchzehen (nach Geschmack auch mehr)
1 Flasche	Weißwein
1 EL	Kräuter der Provence
	Olivenöl
	grobes Meersalz

Die küchenfertige Lammkeule mit dem gestifteten Knoblauch spicken – dabei darauf achten, dass das Fleisch möglichst nicht verletzt wird, sondern in gewachsene Zwischenräume gehen.
Keule mit den Kräutern und dem Salz einreiben (am besten etwas einmassieren).
In einem Bräter in Olivenöl von allen Seiten kräftig anbraten. Anschließend den Bräter in den vorgeheizten Ofen (200°C) schieben und ca. 1 Std. garen lassen. Während dieser Zeit die Keule ständig mit Gorgonzolakäse bestreichen und dem Wein begießen. Zwischendurch die Keule wenden. Es sollte eine sämige Sauce entstehen.

Dazu: neue Kartoffeln und Spargel

Lammkeule in Buttermilch

1	Lammkeule
ca. 2 l	Buttermilch
1/8 l	weißen Balsamico-Essig
1 frisches	Lorbeerblatt
1 Zweig	Rosmarin
2 Zweige	Thymian
2 Zweige	Bohnenkraut
4	Salbeiblätter
1	Minzeblättchen
	Chinesischen Schnittknoblauch oder im frühen Frühjahr auch Bärlauch
2	Möhren
2	Zwiebeln
2	Knoblauchzehen
	Salz, Zucker
	Pfefferkörner, Pimentkörner, 2 Wacholderbeeren
	Butter
	saure Sahne
	Pfeffer, Paprikapulver
	alle aufgeführten Kräuter noch einmal für die Sauce außer Lorbeer

Lammkeule vom Fleischer entbeinen lassen. So weit es geht von Fett und Sehnen befreien. Das Fleisch mit den Kräutern ausstopfen und mit Karotten, Zwiebel- und Knoblauchscheiben belegen und vorsichtig mit der gewürzten Buttermilch-Essig-Mischung bedecken. Zugedeckt 3 Tage marinieren lassen.

Die Keule herausnehmen, trockentupfen und in Butter von allen Seiten anbraten. Die Buttermilchbeize durch ein Sieb geben und den Braten damit ablöschen (nicht alles verwenden, die Keule soll ja schmoren und nicht kochen). Die Keule bei mittlerer Hitze ca. 1 Std. schmoren lassen. (Wenn sie zu stark bräunt, zwischendurch den Deckel schließen, zum Schluss aber wieder öffnen.)
Das Fleisch herausnehmen und warm noch etwas ziehen lassen. Die Sauce mit saurer Sahne verfeinern und mit frisch gehackten Kräutern würzen.

Scharfer Linsen-Eintopf

300 g	Lammfleisch von Schulter und Keule, Knochen
	Pfefferkörner, Pimentkörner
1 Stange	Porree
1	Petersilienwurzel
1 Stck.	Sellerie
	Olivenöl
2	mehlig kochende Kartoffeln
3	Zwiebeln
1	Chilischote
5	Möhren
300 g	kleine grüne Linsen
	Salz, Pfeffer, viel Curry, Cayennepfeffer, Paprika
	frisches Bohnenkraut
	Majoran
	Liebstöckel, Lorbeer

Die Knochen mit kaltem Wasser aufsetzen und mit 1 Zwiebel, 1 kleinen Blatt Liebstöckel, Salz, Pfeffer- und Pimentkörnern, 2 Möhren, Sellerie, Petersilienwurzel und einem Stück Porree (nur den grünen Teil – den weißen für die Suppe aufheben) eine kräftige Brühe kochen. Durch ein Haarsieb gießen.
In der Zwischenzeit das Fleisch würfeln, mit Pfeffer würzen und in Olivenöl von allen Seiten goldbraun anbraten. Die klein geschnittenen Kartoffeln, Möhren und die restlichen Zwiebeln zugeben und kurz andünsten lassen. Mit der Brühe auffüllen und die gewaschenen Linsen zugeben. Einen Strauß aus Majoran und Bohnenkraut hineinhängen und nach dem Kochen wieder entfernen. Die Suppe scharf mit einer kleinen Chilischote, viel Curry, Paprika und evtl. etwas Cayennepfeffer würzen. Die Suppe soll deutlich nach Curry schmecken. Nach etwa 1 guten Std. sind die zarten Linsen gar. (Sie brauchen nicht extra eingeweicht zu werden.) Während der letzten 2 Min. den in feine Ringe geschnittenen Porree zugeben. Porree sollte unbedingt knackig bleiben; wenn er verkocht ist, wird er schnell fade!

Beschwipste Lammkeule

1	Lammkeule
1 Glas	Cognac
	Salz, Pfeffer, Zucker
	Senf
	Thymian, Rosmarin, Salbei
3	Knoblauchzehen
20 kleine	Schalotten
	Öl, Wasser
1 EL	Honig
2 EL	Cognac
2	Äpfel

Die Lammkeule mit Hilfe einer Spritze an verschiedenen Stellen mit dem Cognac tränken. Dabei muss man langsam und behutsam vorgehen, sonst fließt der Cognac einfach wieder heraus. Alles, was herausfließt, auffangen. Die Keule 1 Tag ruhen lassen. Dabei immer wieder wenden.
Die Keule dünn mit Senf bestreichen, evtl. etwas einmassieren. Das Fleisch mit den grob gehackten Kräutern, Salz, Pfeffer, dem gepressten Knoblauch und 1 Prise Zucker bestreuen und gut andrücken. Mit etwas Öl beträufeln. Öl in einem Bräter erhitzen, die Keule hineingeben und so lange wenden, bis alle Seiten leicht angebraten sind. Bräter in den auf 180°C vorgeheizten Backofen geben, die Schalotten und geviertelte Äpfel zugeben, mit dem ausgelaufenen Cognac begießen. Wenig Zucker und Salz darüberstreuen und ca. 2 Std. garen. Den Braten und die Zwiebeln zwischendurch immer wieder mit dem in heißem Cognac-Wasser gelösten Honig beträufeln (Verhältnis: 2 Tassen Wasser, 2 EL Cognac, 1 EL Honig).

Dazu: Weißbrot, grüner Spargel und Parmesanplätzchen

Parmesanplätzchen
Eine antihaftbeschichtete Pfanne leicht erwärmen und so viel Parmesan hineinstreuen, bis der Boden bedeckt ist. Es bildet sich eine dünne, feste Scheibe, die mit einem Spatel gelöst werden kann.

Menüvorschläge

Menü 1
Überbackener Ziegenkäse
Heller Salat
Kartoffel-Spargel-Suppe mit Räucherlachs
Überbackene Jakobsmuscheln
Lamm-Medaillons mit Honig-Ingwer-Butter
Gratinierte Mangos mit Himbeeren

Menü 2
Pumpernickel mit Lachstatar
Salat mit Birnen und Hühnerleber
Tomatensuppe
Nudeln mit Seeteufel und Spinat
Lammrücken mit Orangensauce
Überbackenes Obst

Menü 3
Gebackene Zucchini-Blüten
Salat mit Kaninchenfilet
Kürbiscreme-Suppe
Wachtelbrüstchen auf Backpflaumen
Lammlachse in Jostasauce
Überbackene Pfirsiche

Menü 4
Pflaume im Speckmantel
Salat mit gebratenen Pilzen
Taubensüppchen
Nudeln mit Morchelsauce
Wirsingkohlrouladen
Mascarponeschaum mit Johannisbeersauce

Anmerkung: Selbstverständlich muss die Speisefolge nicht so lang sein; möchte man aber alles kochen, sollten die einzelnen Gänge wirklich wenig sein.

Menü 1

Überbackener Ziegenkäse

Dicke Apfelscheiben vom Kerngehäuse befreien. Pro Person einen kleinen Ziegenfrischkäse-Taler quer halbieren und auf die Apfelscheibe setzen. Pfeffern, mit frischen Thymianblättchen bestreuen und mit ca. 1 TL braunem Zucker abdecken. Damit die Thymianblättchen nicht verbrennen, Butterflocken darübergeben. Ca. 10 Min. überbacken.

Heller Salat

Chicorée-Blätter in Streifen schneiden. Weißen Spargel schälen (die Schalen für die Suppe aufheben), in fingerlange Stücke schneiden und in Butter mit etwas Zucker und Salz anbraten. Mit frisch gepresstem Orangensaft ablöschen und diesen fast ganz verdampfen lassen. Den Spargel warm auf den Salat geben. Mit Orangenspelten dekorieren – die Orangenschnitze zwischen den Häuten herausschneiden. Die Standard-Vinaigrette hier etwas abwandeln: hellen Balsamico und als Alkohol Cointreau verwenden.

Kartoffel-Spargel-Suppe mit Räucherlachs

Spargelschale mit Butter und etwas Zucker in Geflügelfond bei mittlerer Hitze offen 30 Min. kochen lassen. Brühe durch ein Sieb gießen. Kartoffelwürfel in die Brühe geben und ca. 20 Min. garen; anschließend durch ein Sieb pressen. (Nicht mit dem Mixer pürieren, die Kartoffel setzt sonst den Kleber frei und die Suppe wird kleisterig.) Sahne unterrühren, würzen, evtl. noch etwas Brühe zugeben – die Suppe soll nicht zu dickflüssig sein. Spargelstücke zugeben und noch ca. 10 Min. garen. Beim Servieren mit Lachsstreifen und gehacktem Dill bestreuen.

Überbackene Jakobsmuscheln

Jakobsmuscheln reinigen, den knorpeligen Ansatz entfernen und in die gewölbte Schale legen – oder in eine kleine feuerfeste Form –, Sauce getrennt herstellen, über die Jakobsmuscheln geben, mit Paniermehl bestreuen und mit etwas Olivenöl beträufeln. 10 Min. heiß überbacken.

Sauce für die Jakobsmuscheln:
Fein geschnittene Zwiebeln und Knoblauch salzen und langsam in Olivenöl glasig dünsten. Tomatenfleisch ohne Haut und Kerne würfeln, weißen Pfeffer darübermahlen und 1 kleines Blatt frischen Lorbeer zugeben. Mit Weißwein ablöschen und einköcheln lassen. Lorbeer vor dem Servieren wieder entfernen.

Lamm-Medaillons mit Honig-Ingwer-Butter

300 g	Lammfilet
	Pfeffer, Salz,
1 EL	Honig
2 EL	Butter
1 gr. Stck.	frischer Ingwer

Die Lammfilets in ca. 2 cm dicke Medaillons schneiden, pfeffern und bei mittlerer Hitze von beiden Seiten goldbraun braten. Etwas ruhen lassen, salzen. In einer zweiter Pfanne Butter zerlassen, Honig einrühren und mit viel frisch geriebenem Ingwer abschmecken. Als Sauce zu den Medaillons servieren.
Dazu: neue Kartöffelchen und Zuckerschoten (knackig)

Gratinierte Mangos mit Himbeeren
In jedes feuerfeste Förmchen Mangospalten legen und mit Himbeeren garnieren. 1 EL saure Sahne darübergeben und mit braunem Zucker bestreuen. Die Förmchen auf einem Backblech 1–2 Min. unter den Grill stellen, bis der Zucker geschmolzen ist.

Menü 2

Pumpernickel mit Lachstatar

Pumpernickeltaler mit Meerrettich-Crème-fraîche bestreichen. Geräucherten Lachs, Apfel, Gewürzgurke und Frühlingszwiebel sehr fein würfeln und mit Salz und Pfeffer abschmecken; auf die Pumpernickel verteilen.

Salat mit Birnen und Hühnerleber

Eisbergsalat waschen, trockenschleudern und in Streifen schneiden. Sonnenblumenkerne ohne Fett goldbraun rösten. Hühnerleber von allen Sehnen befreien und in gleiche Stücke schneiden. In Butter anbraten, salzen und pfeffern. Die Leber herausnehmen und warm stellen. In das gleiche Fett etwas Zucker streuen und Birnenachtel darin anbraten. Beides über den Salat geben und mit Vinaigrette (siehe S. 39) beträufeln. Mit Basilikumblättern dekorieren.

Tomatensuppe

2 kleine Zwiebeln und 1 Knoblauchzehe würfeln und in einem Öl-Butter-Gemisch andünsten. Danach die grob gewürfelten Tomaten, 1 kleines Blatt Liebstöckel und gekörnte Gemüsebrühe zugeben (kein Wasser dazu!). Das Ganze kurz garen, bis sich die Haut vom Tomatenfleisch löst. Alles durch ein Sieb passieren, mit Sahne abrunden. Crème fraîche mit einer zerquetschten Knoblauchzehe, Salz und gehacktem Basilikum verrühren und einen Löffel auf jeden Teller Tomatensuppe geben.

Nudeln mit Seeteufel und Spinat

Pro 100 g Mehl ein Ei verwenden, 1 EL Öl, Salz und Muskatnuss dazugeben. (Nur eine kleine Portion Nudeln zubereiten, Eiernudeln sättigen sehr.) Alles sehr gründlich miteinander verkneten, mindestens 1 Std. abgedeckt im Kühlschrank ruhen lassen, noch einmal durchkneten und zu dünnen Bandnudeln verarbeiten (Nudelmaschine).
Anmerkung: Gute Nudeln muss man heute nicht mehr unbedingt selber machen. In einigen Läden oder auf dem Markt bekommt man frische.
Sauce: 1 kleine Zwiebel und 1 Knoblauchzehe sehr fein würfeln und in Öl glasig dünsten, ca. 300 g frischen Spinat waschen, entstielen, zugeben und zusammenfallen lassen. 250 g Seeteufel-Würfel hineingeben, mit Salz, Pfeffer und Cayenne-Pfeffer würzen und mit 2 EL Noilly-Prat ablöschen, 1 Becher Sahne zugeben, noch etwas durchziehen lassen und zu den Nudeln servieren.

Lammrücken mit Orangensauce

1 kg	Lammrücken (möglichst den vorderen Teil mit den Filets darunter)
	Pfeffer, Salz, Paprika, Cayennepfeffer, Zitronenpfeffer
2	Knoblauchzehen
	Schale von einer kleinen Orange
3 EL	flüssige Butter
1 kl. Glas	trockener Sherry
2 Gläser	Orangensaft
	Sojasauce
2 TL	Orangenkonfitüre
3	Orangen (groß)

Die Fettschicht auf dem Fleisch belassen, wenn vorhanden, die pergamentartige Oberhaut entfernen. Das Fleisch gründlich mit durchgepresstem Knoblauch, Pfeffer und Paprika einreiben.
Die Orangenschale in Zesten schneiden und mit kochendem Wasser überbrühen. Alle Orangen sorgfältig bis unter die weiße Haut schälen und zwischen den Häuten die Schnitze herausschneiden.
Den Lammrücken in einer Kasserolle mit flüssiger Butter beträufeln und im auf 230°C vorgeheizten Backofen 20 Min. braten. Anschließend salzen. Zwischendurch mit Bratensaft beträufeln (nicht zu oft, sonst nimmt die Temperatur zu stark ab). Mit Sherry, Sojasauce und Orangensaft ablöschen. Noch 20 Min. weitergaren und dabei den Braten ab und zu begießen. Das Fleisch auf einen Teller legen und im abgeschalteten Ofen bei leicht geöffneter Tür 10 Min. ruhen lassen.
Die Sauce aus der Kasserolle in einen kleinen Topf geben, aufkochen und mit Cayennepfeffer und Zitronenpfeffer nachwürzen und die Orangenkonfitüre unterrühren. Die Orangenschnitze kurz in der Sauce warm ziehen lassen.
Dazu: Safranreis mit Rosinen

Überbackenes Obst
Frisches Obst der Saison in kleine Förmchen geben, mit Cointreau bespritzen und etwas zuckern. Im Backofen backen, bis sich erste goldbraune Spitzen zeigen. Sahne mit Vanille aromatisieren und dazu reichen.

Menü 3

Gebackene Zucchini-Blüten

Zucchini-Blüten vorsichtig öffnen, den Stempel herausschneiden und evtl. ausschütteln (nicht waschen!). Die Blüten in sehr heißem Öl kurz von allen Seiten anbraten, salzen und pfeffern. Auf Teller verteilen und mit ein paar Pfirsichspelten oder aromatischen Aprikosen, die 1 Tag in Cointreau eingelegt wurden, dekorieren.

Salat mit Kaninchenfilet

Eichblattsalat waschen, trockenschleudern und in grobe Streifen schneiden. Rauke in feine Streifen schneiden, darauf schichten. Äpfel stiften und darüberstreuen. Zum Schluss 1 Kaninchenfilet in Öl anbraten, salzen, pfeffern und noch 10 Min. ruhen lassen. Schräg anschneiden und warm über den Salat geben. Vinaigrette darüberträufeln. Mit Kapuzinerkresse Blüten dekorieren.

Kürbiscreme-Suppe

Gewürfelte Schalotte und Petersilienwurzel in einer Öl-Butter-Mischung mit etwas Salz glasig dünsten. Möhren-, Kürbis- und Apfelwürfel zugeben und ebenfalls andüsten. (Am besten eignet sich ein kleiner roter Kürbis!) Mit Orangensaft und Wasser ablöschen, es soll alles bedeckt sein. Geriebenen Ingwer zugeben und mit gekörnter Gemüsebrühe würzen. Wenn alles weich ist, durch ein feines Sieb drücken, mit Sahne und Crème fraîche abrunden. Evtl. noch etwas frischen Ingwer zugeben. Noch 5 Min. durchziehen lassen, ohne dass die Suppe kocht. Die Portionen am Tisch mit gerösteten Kürbiskernen bestreuen.

Wachtelbrüstchen auf Backpflaumen

Rücken und Beinchen der Wachteln abschneiden, anbraten, salzen, pfeffern, mit Sojasauce abspritzen, etwas Portwein zugeben und ca. 1 Std. köcheln lassen, durchsieben. Wachtelbrüstchen in Butterfett anbraten, mit Chinagewürz würzen. Sauce und 3 Tage in Portwein eingelegte Backpflaumen zugeben und ca. 10 Min. zugedeckt garen. Die Brust herausheben und vom Knochen lösen. Mit der Backpflaumen-Sauce servieren.

Lammlachse in Jostasauce

2	Lammlachse pro Person
	Salz und Pfeffer aus der Mühle
	Butterschmalz
2 Tassen	Jostabeeren
10	Wacholderbeeren
	Zucker
3 EL	Cassis
1 EL	Wacholderschnaps
2	Eiswürfel Lamm-Jus (siehe S. 14)
	kalte Butterflocken
	eine Hand voll getrocknete Morcheln

Als Erstes sollte man die Morcheln einweichen, sie zwischendurch immer wieder etwas schütteln, das Einweichwasser durch einen Kaffeefilter geben und das mehrmals wiederholen, damit man sicher sein kann, dass auch wirklich aller Sand entfernt ist.
Die Jostabeeren werden gründlich gewaschen und von den Strünken befreit. Das macht zwar etwas Arbeit, ist aber nötig, sonst schmeckt die Sauce nachher ›strunkig‹. Wacholderbeeren in einem Mörser anstoßen. Beeren und Wacholderbeeren mit dem Alkohol und dem Zucker nach Geschmack in einen Topf geben und ca. 5 Min. köcheln lassen. Die Beeren durch ein Haarsieb streichen, dabei die Masse ordentlich ausdrücken, damit sich der Wacholdergeschmack voll entfaltet. Die Morcheln in die Sauce geben und mit etwas Einweichflüssigkeit ergänzen. Ca. 5 Minuten köcheln lassen. Die Fruchtsauce in den Topf zurückgeben und mit dem Lamm-Jus und den kalten Butterflocken sämig aufmixen.
Die Lammlachse pfeffern und salzen, in Butterfett von allen Seiten goldbraun anbraten. Im erwärmten Ofen ca. 6–10 Min. (je nach Größe) nachziehen lassen. Fertiges Fleisch in schräge Scheiben schneiden und mit der Sauce servieren.
Dazu: gebratene chinesische Nudeln

Überbackene Pfirsiche

Feste Pfirsiche halbieren und entsteinen. Mit der Schnittfläche nach oben in eine gebutterte Form legen und mit Zitronensaft beträufeln. Tiefkühl-Beerenfrüchte in die Öffnung füllen, je 1 EL weißen Portwein hineingeben und mit wenig geschlagener Sahne abdecken. 30 Min. backen und mit gerösteten Mandeln sevieren.

Menü 4

Pflaume im Speckmantel
Entkernte Backpflaumen mit hauchdünnem durchwachsenem Speck umwickeln und einen Zahnstocher durchstechen. Unter dem Grill knusprig braun backen. Auf Küchenkrepp von Fett befreien. Im Stehen zum ersten Glas Sekt servieren.

Salat mit gebratenen Pilzen
Rapunzel gründlich waschen und trockenschleudern. Einige Blätter Radicchio in feine Streifen schneiden, darübergeben. 2 Möhren und 1 Apfel grob raspeln, Orangenspelten verteilen und mit gebratenen Pilzen abrunden (z. B. braune Champignons, Austernpilze, Pfifferlinge, Steinpilze ...). Vinaigrette darüberträufeln.

Taubensüppchen
1 Taube pro Person. Die Taube gut säubern und den Stert wegschneiden. In Öl leicht anbraten, mit Chinagewürz bestreuen, 1 Zwiebel, 1 Knoblauchzehe, in Scheiben geschnittenen Ingwer, 1 kleines Stück Sellerie, 1 Petersilienwurzel und 1 Möhre zugeben, salzen und leicht anschwitzen lassen. Mit ausgepresstem Orangensaft ablöschen und alles köcheln lassen, bis das Brustfleisch gar ist. Tauben herausnehmen, die Brust vom Knochen lösen und in zwei Hälften teilen. Die Suppe durch ein Sieb gießen, das Gemüse etwas ausdrücken (nicht zu stark, sonst wird die Suppe dick), Brust hineingeben und das Süppchen evtl. noch etwas nachwürzen; unbedingt aber noch mit etwas frisch geriebenem Ingwer abschmecken.
Anmerkung: Beim Händler darauf achten, dass die Tauben jung sind. Das erkennt man an der Elastizität des Brustbeinansatzes.

Nudeln mit Morchelsauce
Die Morcheln ca. 2 Std. in Wasser einweichen. Dabei sollte man sie immer wieder bewegen und zwischendurch durch eine Filtertüte abgießen. Der Sand kann hartnäckig sein. Immer wieder dasselbe Einweichwasser verwenden und dieses auch unbedingt aufheben. 1 Schalotte sehr fein würfeln, salzen und in Butter dünsten. Mit 2 EL Noilly-Prat ablöschen und einköcheln lassen. Einweichwasser zugeben und mit Sahne abrunden, etwas reduzieren, mit Salz und Pfeffer würzen. Die Pilze hineingeben und noch etwas ziehen lassen.

Wirsingkohlrouladen

500 g	Lammhack
	Salz, Pfeffer, Paprika, Cayennepfeffer
1	Ei
1 Bund	Petersilie (glatte)
1 großen	Wirsing
1 Becher	Sahne
	Butterschmalz

Den Wirsing in Blätter zerteilen. (Die Blätter dabei nicht verletzen.) Die großen Blätter in Salzwasser blanchieren. Die Mittelrippe bis zur Hälfte keilförmig herausschneiden. Blätter gut abtropfen lassen und auf ein Küchentuch legen.
Das Lammhack mit Salz, Pfeffer aus der Mühle, Paprika und etwas Cayennepfeffer kräftig würzen. Das Ei und die grob gehackte Petersilie untermischen.
Kleine Rollen Hack auf je ein Wirsingblatt geben und diese einrollen, dabei die eingeschnittenen Blattteile leicht überkreuzen. Überstehende Blattenden von der Seite unter die Rolle klappen. Wenn nur noch kleinere Blätter übrig sind, kann man auch zwei Blätter versetzt übereinander legen.
Diese Päckchen werden jetzt mit der Unterseite in heißem Butterfett angebraten. Wenn die Rollen leicht angebräunt sind, halten sie die Form, und man kann sie vorsichtig wenden. Danach wieder in die Ursprungslage zurücklegen und mit Sahne auffüllen. Evtl. Sauce etwas nachwürzen. Bei geschlossenem Topf ca. 20 Min. leise köcheln lassen.
Dazu: neue Pellkartoffeln

Mascarponeschaum mit Johannisbeersauce

250 g Mascarpone, 3 Eigelb und 3 EL Puderzucker sehr sorgfältig aufschlagen. 3 Blatt Gelatine einweichen und dann in Amaretto auflösen und unter die Creme ziehen. Das Eiweiß mit etwas Zucker sehr steif schlagen und unter die Masse ziehen.
Für die Sauce: Johannisbeeren mit Cassis und Zucker einmal aufkochen lassen und durch ein Haarsieb streichen.

Hiltrud von der Heyde

Geboren und aufgewachsen in Hameln, längerer Aufenthalt in Ecuador. Wohnt seit dem Studium in der Region Osnabrück, starke Beziehung zu Santiago de Compostela, Spanien. Lehrerin und Fachseminarleiterin für Textiles Gestalten. Verheiratet, 3 Söhne. Interesse: Experimente in der Küche, Textil-Kunst, Architektur, Kunst- und Museumskreis Bad Essen.

Hiltrud von der Heyde
Mönkehövener Straße 17
D-49179 Ostercappeln
Tel. +49 5473 1501
Homepage: www.hiltrudvonderheyde.de
eMail: info@hiltrudvonderheyde.de

Otto Beckmann

Geboren 1945 in Knüppeldamm / Mecklenburg, Kunsterzieherstudium an der PH Flensburg. Arbeitet als freischaffender Maler und Grafiker in Hamburg und Schleswig-Holstein. Zahlreiche Einzelausstellungen und Ausstellungsbeteiligungen in Galerien und Museen im In- und Ausland. Vertreten in mehreren öffentlichen Kunstsammlungen. Veröffentlichungen zu seinem Radierwerk erschienen unter anderem im pictus verlag der Galerie Lüth in Halebüll.

Otto Beckmann
Forsmannstraße 20b
D-22303 Hamburg
Tel./Fax +49 40 274201
Homepage: www.otto-beckmann.de
eMail: otto-beckmann@t-online.de

Verzeichnis der Radierungen

Impressum

Rezepte	Hiltrud von der Heyde
Bilder	Otto Beckmann
Gestaltung	Hiltrud von der Heyde, Otto Beckmann, Horst Keppler
Reproduktionen	Otterbach Digital World GmbH + Co., Rastatt und Hamburg
Druck und Einband	Rasch, Druckerei und Verlag GmbH + Co. KG, Bramsche

Printed in Germany

Wir danken Ulrich Otterbach für die Datensätze der Abbildungen
und Horst Keppler für den Satz.

ISBN 3-927212-36-9